お金の稼ぎ方

ジェイソン流

厚切りジェイソン

ぴあ

頑張って節約もしているし、
投資も少額だけれどできる限りコツコツやっている。
でも、物価は高騰を続けているにもかかわらず
給料は相変わらず増えない……。
一体どうしたらいいのか。

そんな声を聞くことが増えてきました。

僕は昔から環境や状況に振り回されないでいるために

稼ぐ力を身につけることを意識してきました。

戦略的にスキルやキャリアを積み上げ、投資をしてきたからこそ

家族が一生困らずに暮らせる資産を15年で築きました。

この本は、今仕事をしている人にも
これから社会に出ていく大学生や
どんな将来を目指そうか考え始めた高校生などにも役立つ
「稼ぐ力をつけること」、つまり〝稼ぎ方〟を
僕の人生の経験から伝える本になっています。

〝稼ぎ方〟は投資のようにお金を増やすテクニックではなく

自分自身の価値を上げることで

世の中から求められるようになり、

それがお金という形で自分に入ってくるというものです。

人生をかけ豊かで充実した人生を送りたいと願うすべての人にとって

この本がなにかのきっかけやヒントになればうれしいです。

さあ、まずは勇気を持って一歩踏み出してみませんか？

自分にしか
できないことを
把握する
失敗しても
切り替える
世の中で必要と
されていることを見つける
成長できる環境だったので
大学を休学してインターンを延長
世界的検索
エンジン会社
宿題は学校で
フィニッシュ！
実践力を養う
・飛び級入学
・1回目のインターン面接不合格
・大学で改めて日本語を学ぶ
・2回目のインターン面接合格
・インターンの延長（1年）
・アメリカに帰国＆就職活動
・GE ヘルスケア就職確定
・宿題は学校で終わらせる
・やりたくないことは論理的に親を説得
成長の加速
無駄をなくす
・早期履修プログラム活用
・GPA でトップレベルをキープ
・IT 業界で働くため理系科目を優先
・ネットワーク管理のアルバイト
大学
高校
子ども時代

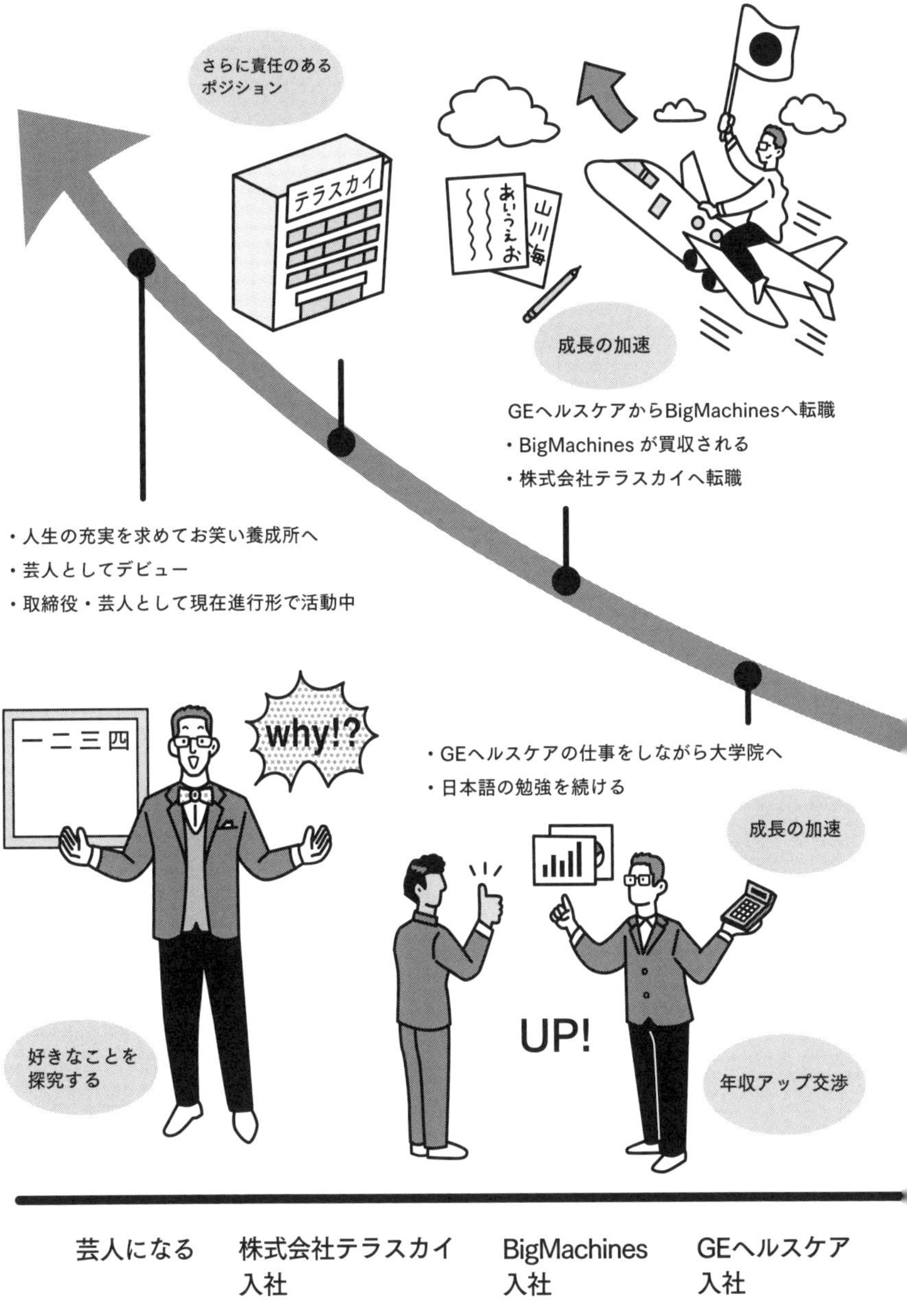

さらに責任のある
ポジション
テラスカイ
あいうえお
山川海
成長の加速
GEヘルスケアからBigMachinesへ転職
・BigMachines が買収される
・株式会社テラスカイへ転職
・人生の充実を求めてお笑い養成所へ
・芸人としてデビュー
・取締役・芸人として現在進行形で活動中
一二三四
why!?
・GEヘルスケアの仕事をしながら大学院へ
・日本語の勉強を続ける
成長の加速
UP!
好きなことを
探究する
年収アップ交渉
芸人になる
株式会社テラスカイ
入社
BigMachines
入社
GEヘルスケア
入社

はじめに

おかげさまで前作『ジェイソン流お金の増やし方』は多くの方に読んでいただき、「本を読んでお金について真剣に考えるようになった」「今まで難しいと思っていた投資だけれど、この本を読んでお金の仕組みもインデックスファンドの投資方法もわかった」という声が、僕のもとにもたくさん届いた。

出版した当初はＦＩＲＥ（経済的自立と早期リタイア）という言葉がブームとなっていたこともあって、「お金を増やすにはどうしたらいい？」「今より豊かな生活を送りたいから、ジェイソンの投資方法を教えてほしい」と聞かれることが多かったんだ。それに、ちょうどコロナの影響で経済も低迷していたから、なおのこと世の中の人々が改めて自分の生活やお金の使い方・貯め方について見直すタイミング

PROLOGUE

はじめに

だったんだよね。

そういう背景もあったから、僕が前作を作る上で心がけていたのは、「投資の初心者でもわかりやすくお金について学べる」「本を読んだらすぐに行動に移せる」、そして「お金を増やすことで読者のみなさんの人生の選択肢が少しでも広がること」だった。だからこそ本をきっかけに投資を始めたという声が聞けたのはなによりもうれしかった。

でも、一方で**「そもそも収入が少ないから積極的に投資ができない」**という声も多く聞こえてきたんだ。

資産を増やすために投資をするには、稼ぐ必要がある。だって、稼いだお金から生活費を差し引いた分しか投資できないからね。だからといって収入が少ないのに生活費を切り詰めて投資をするのは得策ではないよ、この時代、なにがあるかわからないからね。

実際、今は物価が高騰していて、さらに円安も終わる気配が見えない。もしかしたら前作を出版した時より家計が苦しくなっている家庭もあるかもしれない。だから、投資の前にまずは3ヶ月は働かなくても生活できるお金が必要なんだ。でも、そもそものお金をつくるのに精一杯という人がいるのも確か。つまり、**稼いでいなければ、投資に使えるお金もできず、いつまで経っても資産も増やすことはできないんだ。**

だから僕はまた新しく本を出そうと思う。みなさんが「稼ぐ力」をつければ、きっとなにかが変わるはずだから。

僕が経済的自立をして、お金に振り回されることのない人生を送ることができるようになったのは、長期にわたって分散しながらコツコツと投資を続けてきたから。でも、それと同時に「稼ぐ力」をつけようとずっと意識して生活してきたことも大きな理由だと思う。

アメリカの田舎で育った僕は、決してお金持ちの家庭で育ったわけ

PROLOGUE

はじめに

ではない。でも、ずっと「稼げるようになるにはどうしたらいいのか」「自分の人生を人にコントロールされないようにパワーをつけるにはどうしたらいいのか」を学生時代から考えてきた。人生を戦略的に設計して、それを達成するために行動をしてきたからこそ、30代半ばにして、家族が一生生活するのに困らない資産を築き上げることができたんだ。

「お金の増やし方」を学んだなら、次はもっと資産を増やすために「お金の稼ぎ方」を知ることが必要だ。みなさんがさらに人生の選択肢を増やして幸せになるために、今からすぐに「稼ぐ力」をつけるために、この本が一歩を踏み出すきっかけになればうれしい限りです。

厚切りジェイソン

目次

CONTENTS

CONTENTS

CHAPTER 4 「稼ぐこと」と「幸せ」はイコールではない　175

CHAPTER 1

「稼げる人」と「稼げない人」その差はなんだか知っている？

01

稼げないのは国でも情勢のせいでもない自分のたどった道の結果だ

いきなり例え話になるけれど、あなたが数年ぶりに同窓会に出席したとしよう。久しぶりに会う友人たちと会話が弾み、「そういえば今仕事、なにしてるんだっけ？」なんて話になって、その流れでお互いに名刺交換をすることになった。学生時代に一緒に遊んでいたその人の名刺を見ると、ニュースで近頃よく聞くスタートアップ企業の取締役と書いてあったら、あなたはどう思う？「自分の裁量で大きな決断もできるし、収入もいいんだろうな」と感じることだろう。

一方のあなたは、大学を卒業して就職をした会社でそのまま仕事をしている。それなりの規模の会社で、日々の仕事をこなしながら、今後もそれほど上のポジションや高い給料は望めないけれど、まぁ生活はできる。ただ、今の物価高に加え、子どもの進学で教育費がかかり、正直家計は苦しくて、投資にまでお金を回す余裕はない……。そんな自分の状況と友人を比較して、きっとあなたはこう思うはずだ。

「いつから僕と友人はこんなに差がついたんだろう。同じ学校で、同じように学んで生活を送っていたのに、どこで人生に大きな違いが生まれたのか？」

収入においても、社会的ポジションにおいても大きな差が生じたことに、がっかりする気持ちと同時に、少しのやっかみも感じているだろう。でも、仕方ない。**世の中は「稼げる人」と「稼げない人」が明確にいるんだ。**では、その差はどうして生まれるのだろうと疑問に思うよね。

この答えはとても明確だよ。それは**稼げる人は「できること」と「世の中に必要とされていること」の両方を考えて行動をしてきたんだ。**

僕は**仕事を選ぶ上で「稼げる仕事を判断する三角形」があると考えている。そのうちの2つはさっきも記した「できること」と「世の中に必要とされていること」、そしてもう一つが「好きなこと」だ。**この3つの判断基準をどう組み合わせて仕事に取り組むかで、稼げるのか、稼げないのかが変わってくると思っている。

僕は今の資産を築き、自分のしたい仕事を選べる状況になるまで「できること」と「世の中に必要とされていること」を常に念頭に置いてきた。世の中が今必要としていることができるようになるため、学生時代は努力をしたし、社会人になってからも最初の5年はとにかく自分を成長させることを念頭に置いて仕事を続けながら、勉強も続けてきた。その甲斐あって、今は責任のあるポジションも任せられるようになって、さらに収入も満足のいくものを得ている。

この本を手にしてくれた方の中には、今の収入や仕事に不満がある人も多いかもしれない。でもね、最初に厳しいことを言うと、**今あなたが稼ぐことがで**

きていないのは過去の自分の歩んだ道が少し違ったんだ。物価が上がっているからとか、ロシアによるウクライナ侵攻の影響とか、そういう世界情勢のせいでもない。**あなたが「できること」と「世の中に必要とされていること」、つまり資本主義の基本を見過ごしてきてしまったからなんだ。**

そしてもうひとつ大切なことがある。**「やりがい」といういかにも自分が成長できそうな上手な言葉を使って、会社があなたのスキルを安く使っているということに気がつかないと、お金を稼ぐことはできない**ということだ。

この本では僕の経験をもとに、「稼ぐ力をつける8の方法」を伝えていく。ただ、稼ぐために働くのはあなたで、働く上でなにを大切にするかはあなた次第。「できること」、「世の中に必要とされていること」、「好きなこと」のバランスを取りながら、自分に一番あった形の稼ぐ力をつけてくれれば、きっと収入面でも、メンタル面でも満足のいく仕事ができると思う。

02 資産を増やすためには可能な限り投資を。節約はいつでも、いつまでも！

この本を作るきっかけが「資産を増やしたいのに、そもそも収入が少ないから投資ができない」というものだった。前作でも話したように投資できるのは収入から生活費を差し引いた金額だ。**そもそも収入が少ないと、投資も難しくなる。ただ、稼ぐことを目標とするなら少額でもいいので、やはり投資は続けるほうがいいと思う。**

僕の投資法は長期戦。複利の力を使って20年30年後に大きく増やすことを目標としている。投資する期間をより長くするためにも、投資することを習慣づけるためにもぜひ取り組んでほしい。

そして同時に行ってほしいのは「節約」だ。節約をすることで投資できる額を増やすのはもちろんだけど、何より重要なのは**稼ぐ力がついて収入が増えたとしても、節約は続けることだ。**稼げるようになると「使える額が増えた！」と思い、生活レベルを上げて支出を増やしてしまう人もいるけれど、**収入が増えたからといって支出も増やしていたら、いくら稼いでも投資できる額は増えない。**それに一度生活レベルを上げてしまうと、それを下げるのはとても難しいんだ。

一度、自分の生活水準を決めたら収入にかかわらず節約マインドを持ち続けることで、賢くお金と付き合っていくようにしよう。

収入と支出のバランスのグラフ

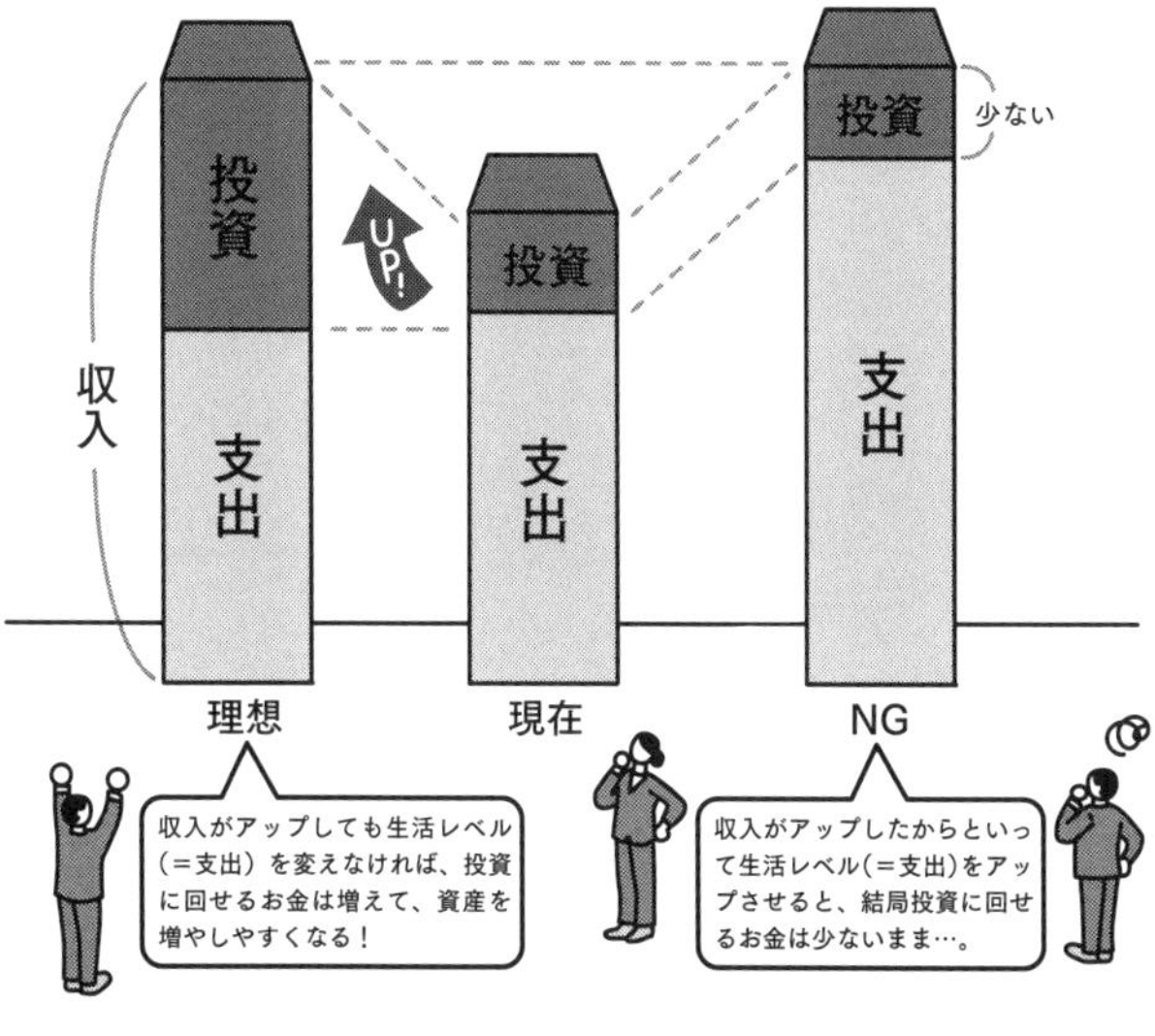
投資
支出
収入
UP!
投資
支出
投資
支出
少ない
理想
現在
NG
収入がアップしても生活レベル（＝支出）を変えなければ、投資に回せるお金は増えて、資産を増やしやすくなる！
収入がアップしたからといって生活レベル（＝支出）をアップさせると、結局投資に回せるお金は少ないまま…。

03 「稼げる仕事を判断する三角形」の組み合わせで自分の目指す将来が見える

学校で勉強を続けながら、そろそろ将来に向けて仕事を選ぶとなった時や、転職を考えた時、皆さんはどういう基準で仕事を選ぶのだろう。

その名前を聞けば誰しもが羨む人気企業ランキングに入っている会社？　ほかと比較して高い給与をもらえる仕事？　自分の今まで研究していたことを続けることができる仕事？　それとも充実した福利厚生？

稼ぐという目的で仕事を選ぶのであれば「高い給与をくれる仕事」は間違いないだろう。すると次に問題になるのは、高い給与をくれる仕事はどうやって探すのかということだ。そんな時に、左図の三角形の3つの角に書いてある項目の2つの項目を組み合わせることで、自分が選んだ仕事がどのような目的を叶えてくれるのかがわかる。

「稼げる人」と「稼げない人」その差はなんだか知っている？

稼げる仕事を判断する三角形

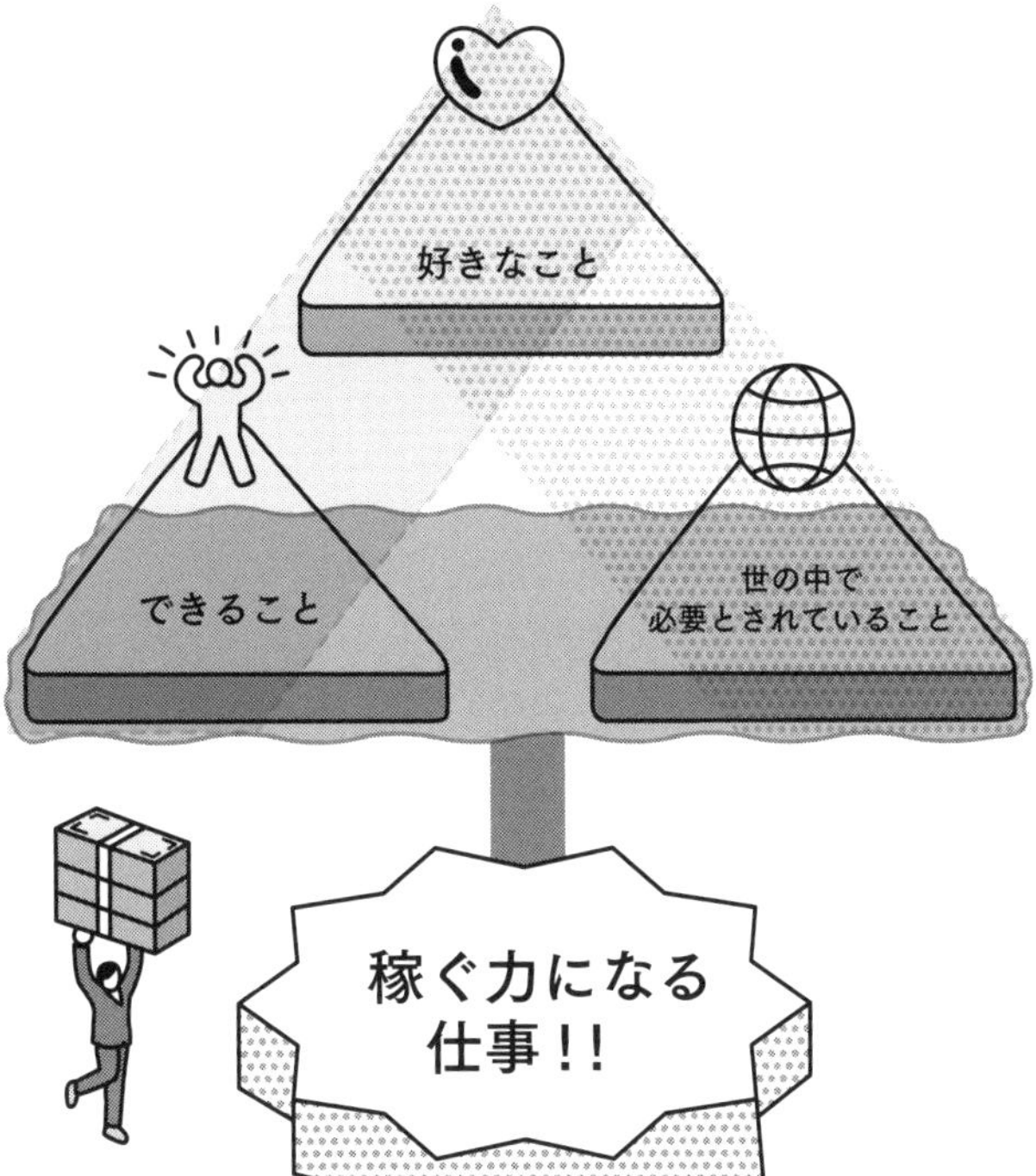
好きなこと
できること
世の中で
必要とされていること
稼ぐ力になる
仕事!!

今、稼ぐことができていないと感じている人は、自分の今の仕事に上の三角形のどの要素が含まれているのかを考えてみよう。もちろん3つの要素をすべて含む場合もあるだろう。その場合は3つの中で重視している上位2つの要素を確認してみよう。

●「できる」というのは人に負けないスキルを持つこと

仕事を探す際に「できること」をベースに考えるのは重要だ。ただ、ここで**重要なのは「できること」が人と同じレベルでは稼ぐことにつながらない**ということだ。

「前職では自動運転について研究してきました」
「日本経済や経済政策の問題を考察するゼミに所属していました」

どれも言葉だけ聞けば、ニュースでもよく聞くキーワードが入っていて、すごい勉強をしていそうな印象だよね。でも、果たしてこれで企業側にあなたのスキルが伝わるのだろうか？　この自己PRでは「**あなたがみんなと一緒にやってきたこと**」はわかるけれど、「**あなたがそこでなにに特化して研究をしてきて、どんな成果を出してきたのか**」がまったく伝わってこない気がしてしまう。

みんなと同じように最先端の仕事をしていたり、研究をしていたりしても**「みんなと同じ」は「他の人でも代用できる」ということ、つまりあなたはいくらでも替えのきく人間ということになってしまうんだ。**

少しプライベートな話になるのだけれど、娘はアメリカ人の僕と日本人の妻の間に生まれたからハーフなんだ。そんなことからときどき学校で「外国人」という扱いを受けることに戸惑いを感じていたようで、僕にそのことをこぼしてきた。その時、僕は「パパはどうしてテレビに出ることができて、お金をもらうことができていると思う？」と尋ねたんだよね。すると彼女は「おもしろいから」とか、理由を探してくれたんだけど、僕は「パパはみんなと違うからだよ」と説明したらちょっと納得してくれたみたいで、その後は気にしなくなったんだ。

つまり、僕は芸能界にたくさんいる芸人の中でも「アメリカ人」で「会社役員も同時にしている」という、ほかの人とは違うポイントがあるから起用してもらえる、というメリットがあるということなんだ。

そう、**ほかの人と違うことが「できる」というのは、あなたにしかない能力なんだ。そしてこのスキルをより極めることで、同じ仕事を希望している人より一歩前に出ることができるのではないかな。**

●世界が今なにに注目をしているのかアンテナを張る

あなたは今朝、テレビやスマホでニュースを見ただろうか？「○○が不倫!?」みたいな芸能ニュースじゃないよ。世界でなにが起きているのか、株価はどんな動きをしているのか、企業の買収など、国内・海外の政治や経済の動きを確認しておくのは、「世の中に必要とされていること」を知るのに重要だ。

みなさんにどれだけ秀でたスキルや資格があっても、それが世の中にいる人たちが欲しがっているものでなければ、あなたの能力を活かすことができる場所はないし、それに対して対価を払ってくれる人もいないんだ。

これからなにを仕事にしようか考えている人は、「世のニーズ」に対して、自分が今勉強しているどの部分を深化させれば応えられるのかを考えれば、より稼げる仕事に就くチャンスが増えるんだ。

「好きを仕事にしよう」と思うなら、稼ぐことからは遠のく

仕事を選ぶ時「好きなこと」を重要視する人は多いよね。「好きを仕事にしよう」なんてキャッチコピーを掲げている転職サイトとかもあるくらいだし。ただ結論から言うと**その仕事が好きかどうかは稼ぐことには全く関係ない。**

レアなポケモンカードを頭に思い浮かべてほしい。あなたはいくらだと思う？　正しい答えは「一番それを買いたいと思っている人が出す金額」なんだ。

これが資本主義の基本。つまりあなたがその仕事をどれだけ好きで、愛情を持って仕事ができたとしても、企業側が「好き」を重視してお金を払うことはないんだ。お金は必要とされているか否かで、支払われる額も決まる。

けれど、**誰よりも秀でた「できること」と「好き」の要素があれば、熱意を持って仕事ができるから稼げるのではないかと思う人もいるだろう。いいえ、残念ながら稼げないよ。「できること」と「好き」の要素で生まれてくる仕事は「誰よりもできる仕事」なだけ。**

好きならば自分のスキルと、できるかぎりの時間と情熱をかけて仕事を取り組むだろう。でもその仕事の結果を世の中が求めていなければ、対価は払ってもらえないんだよ。

それならば、**「世の中が必要としていること」と「好きなこと」が組み合わされば、人々のニーズに熱意を持って応えられると思うよね。それも残念ながら無理なんだ。だってあなたにスキルがなければ、どうやって問題を解決する**

の？「世の中が必要としていること」と「好きなこと」の要素が重なった仕事は結局「夢で終わる」ものなんだ。

「好き」という要素は人を駆り立てるとても重要な要素だ。僕はプログラミングを勉強して、それを足がかりに今のポジションまでできたんだけど、そのきっかけはプログラミングが好きだったからなんだよね。でも、心に芽生えた「稼ぎたい」という欲望を叶えるためには、誰もが勉強をすればある程度はできるプログラミングではダメだと気がつき、「自分だけができるスキル」を身につける努力をしたんだ。

●「やりがい」や「自己実現」という幻想のスキルの搾取

「好き」という言葉ではなく、企業側がよく使う言葉に「やりがい」とか「自己実現」っていうのがあるよね。確かに仕事を通して「やりがい」を感じることも、仕事を続けることでなりたい自分になる「自己実現」も働くモチベー

やりがいと自己実現

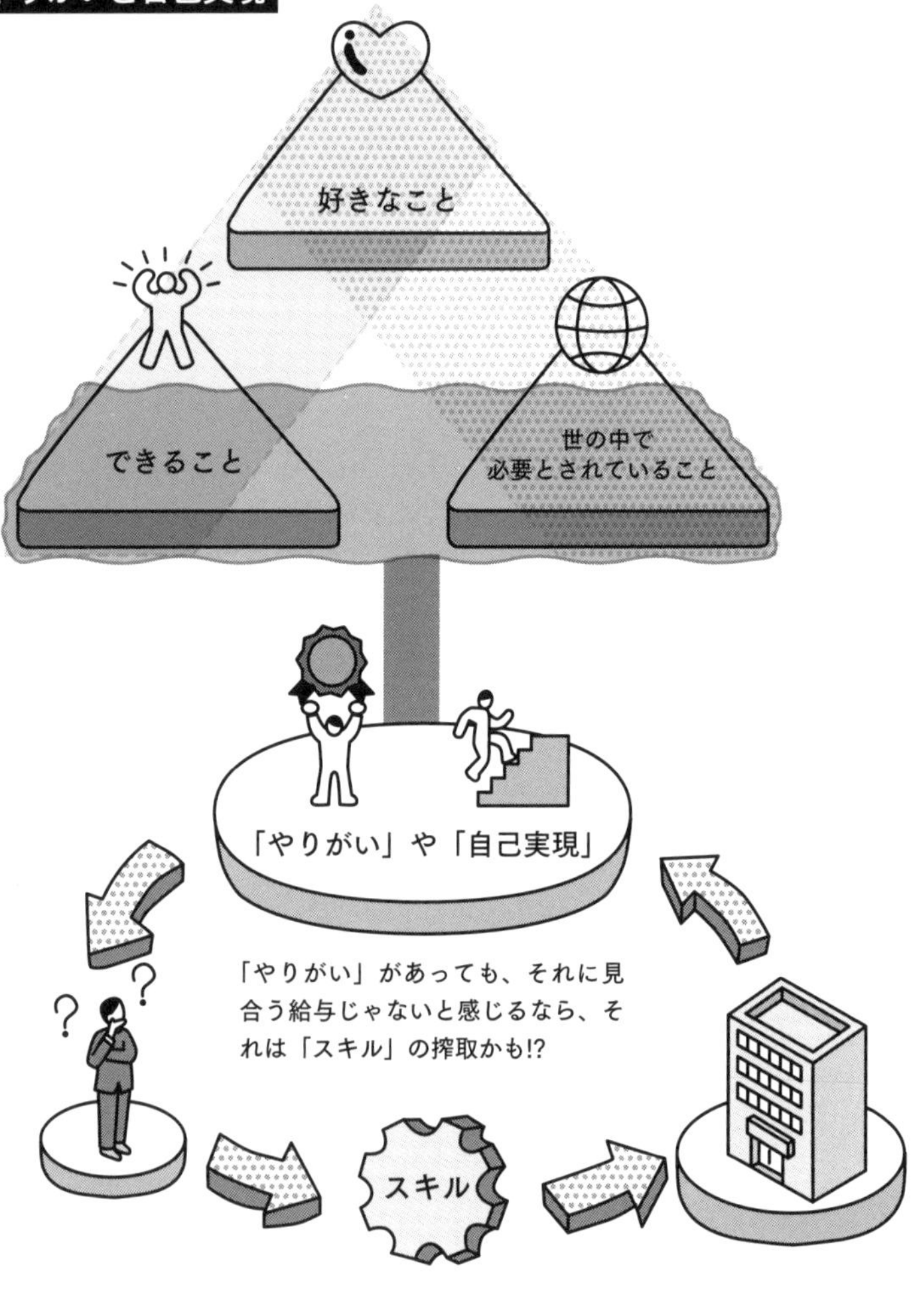
好きなこと
できること
世の中で
必要とされていること
「やりがい」や「自己実現」
「やりがい」があっても、それに見合う給与じゃないと感じるなら、それは「スキル」の搾取かも!?
スキル

ションになるだろう。でも、この言葉をダシに、**企業がみなさんのスキルを安く使っていることも事実だ。**

「やりがいを感じるでしょ？　このまま頑張ればきっとあなたがなりたい自分に将来なれるよ」っていう夢を見させてくれる言葉を信じてしまうと、自分が給与をアップしたい時など、交渉の際に弱い立場に陥りがちなんだ。

だからこそこれから僕が伝える「稼ぐ力をつける8の方法」をやってほしい。これを行うことで自分の市場価値を高めて、その価値をデータ化して、それをもとに企業に「交渉する力」がつくはずだ。

「やりがいがあるからこれくらいのお金でいい？」と企業側から言われても、「自分は本来ならもっとこんなことができます」というデータに基づいて話ができれば、最初から対等な立場で交渉ができるよね。

04

稼ぐこと至上主義ではない自分に合ったバランスのある働き方でもいい

稼ぐことで収入を増やして、さらに投資に使えるお金も増やし、将来的に資産が増えれば、皆さんの人生の選択肢は増えて、自由というパスポートを手にすることができる。でも稼ぐことだけを一番に考えた仕事の選び方が正解というわけではないよ。

それぞれ**みなさんの人生において大事なことは違うし、時と場合によってもそれは変化する。だからこそもう少し柔軟に仕事を選ぶという考え方もある**ということを紹介したい。

会社は「お金」や「環境」、「やりがい」、「好きなこと」などを提供してくれる。そしてその代わりにあなたは自分の「スキル」を会社に渡す。

稼ぎ方と働き方のバランス

転職先

スキルとお金の見合うところ、また、お金は少なくても成長させてくれる機会があるからスキルと見合う会社など、自分の価値観に合わせてバランスを取ることが大事。

今の会社

自分のスキルばかりが会社から求められ、お金や成長の機会が少ないのであれば、そろそろ転職や、次のステップを考えてもいいかもしれない。

簡単な数字を使って説明すると、会社側はお金を50しか出しません。でも、やりがいが50もあります。だからあなたは100のスキルを出してくださいというパターンがあるとしよう。会社側とあなたのバランスは取れているから問題はない。でも、これは**やりがいという魔法の言葉を使って、本来ならもっと高く支払われるべきあなたの能力を安く買っているんだよね。**

自分が仕事に求めることと、その対価を考えるときに、このバランスを頭に思い浮かべると、自分が今なにを大事にしたいのかがわかりやすいだろう。

みなさんがお金を重視しているなら、スキルに合った十分なお金を出してくださいと言える。でも、今は会社に勤めながら自分のスキルを磨くことを第一に優先しているなら、「お金」に、成長機会をくれる「環境」を加えてバランスを取ればいい。

でも、**もし自分のスキルを会社に与えるばかりでお金とのバランスが取れなくなってきたら、給与アップの交渉をするか、転職を考えればいいと思う。**

「稼げる人」と「稼げない人」その差はなんだか知っている？

自分のスキルと会社が提供するもののバランス

やりがい搾取

自分のスキルに対し、「やりがいがある！」と言う言葉で給与が少なくてもバランスが取れているように見える会社。

理想の会社

自分が会社に提供できるスキルと、会社がくれるお金ややりがい、成長の機会などのバランスが取れている。会社がくれるもののそれぞれの比重の大きさは、自分の将来を考えて決めるといい。

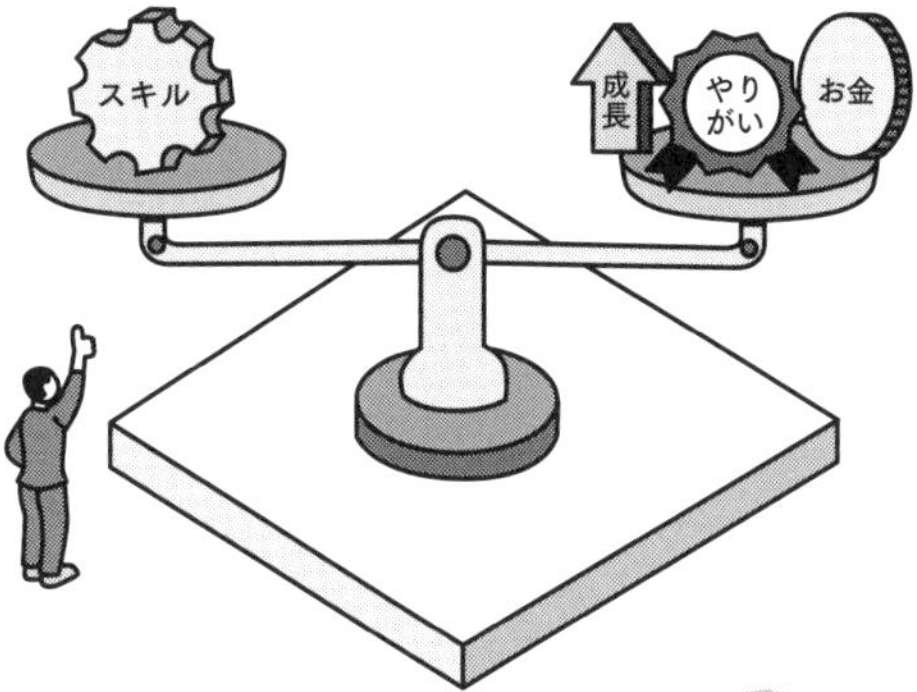

自分のスキルと、会社の提供するもののバランスが取れていることが大切。また、今の自分に必要なものを提供してくれているなら、必ずしも「お金」に一番比重が置かれなくてもいい。ただ、「やりがい」ばかりが大きいのは、検討してもいいかも？

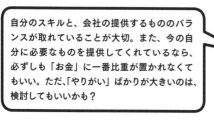

転職の際にはバランスが崩れる可能性もある

転職の際に気をつけたいのは、自分が持っているスキルは新しい職場でフルには使えない可能性があるということ。自分のスキルが「A」「B」「C」という3つのブロックで成り立っていると考えた時、新しい会社ではもしかしたら「A」と「B」しか必要ないかもしれない、そうなると「C」の分のスキルに対して対価は払われないから、お金が減る可能性もあるんだ。

会社は「お金」「やりがい」「環境（成長の機会）」をくれる。一方、あなたが会社に渡せるのは「スキル」だけなんだ。そう考えると、「スキル」が小さければ、それと同等の「お金」と「やりがい」と「環境」を組み合わせたものしか会社はくれない。

転職をすることでスキルがフル活用できないことを念頭に置いておけば、動き出す前に自分のスキルを最大化しておこうという気持ちが働くよね。**会社から**

提示されるものをもっと多く求めるのであれば、自分のスキルは常に成長させておかないといけないんだ。

ちなみに会社と自分のスキルのバランスが崩れた時、転職を考えるのもひとつの案ではあるけれど、一番リスクが少ないのは、今の会社で交渉をすることだよ。今まで築いた自分のスキルをフル活用できるからね。

自分が仕事になにを求めるのかによってバランスに置くブロックは変わってくる。でもどんな場合でも、ベースには多かれ少なかれ「稼ぐ」ということがある。だからこそこれから伝える「稼ぐ力をつける8の方法」を順に行って、自分のペースに合った稼ぎ方を身につけてほしい。

COLUMN 1

人間関係と稼ぐ力は関係ない

転職理由の上位に「人間関係が悪い／うまくいかない」が食い込んでいるらしいけれど（出典：「転職サービスdoda／転職理由ランキング【最新版】みんなの本音を調査！」2023年3月20日）これは本当にもったいないないと思う。稼ぎたいのであれば、「人間関係」つまり「好き嫌い」という考え方は一度横に置いておかないといけない。

「稼げる仕事を判断する三角形」の説明を前章でしたけれど、そこでも書いたように、「好きなこと」が仕事を選ぶ基準に入ると、稼ぐということからは遠のいてしまう。「自分に力をつけたい」「稼ぎたい」という思いが強いのであれば、人間関係で悩む前に、自分の目標を優先するべきだ。今の自分にとってなにが重要なのかを考えて、行動を選択しよう。

もちろんじっくり考えた時に「人間関係を優先したい」というのであれば、きっとあなたにとって今は優先事項が「好き」ということに満足感を得たいのだろうから、それでいいんじゃないかな。ただ、僕は他人の目は一切気にしないから人間関係というものにストレスは感じない。周囲をみていると「周りと合わせなくちゃ」とか「これをやったらどう思われるかな」とか考えすぎている人が多いように思う。周囲と歩調を合わせるのはいいけれど、結局は自分の人生の責任を取るのは自分しかいないんだよ。他者と比較したり、他者からの評価は気にしなくていいんだ。自分の掲げたゴールに対して、頑張ったかどうかは自分で決めればいいと思う。

CHAPTER 2

僕が稼げるようになるまでの道のり

01 人生のフリーパスは世界一の検索エンジン会社のインターンシップでもらう

手前味噌なんだけど、「稼ぐ力をつける方法」つまり〝稼ぎ方〟をわかりやすく説明するために、僕のこれまでの人生を例に話したいと思う。少しだけお付き合いしてほしい。

なぜだかわからないけれど、僕は小さい頃から「パワーを持ちたい」「お金に不安を感じない生活をしたい」という思いが強かった。両親がそういう教育をしたわけでもないし、かといってものすごくお金に苦労をした生活を送っていたわけでもない。

ただ、いろいろな凄いことがあったけれど、僕が生まれた頃はまだパソコンがなかった。それなのに、10年経つとパソコンがあることが当たり前になって、さらに10年経つとインターネットで世界が繋がった。そして、さらに10年経つとスマホが出てきて、人類が把握しているすべてのことを一瞬で誰もがどこからでも調べられる時代になった。その進化を見ていた僕はずっとワクワクしていた。

そういった背景もあって、僕はＩＴの世界で勝負をしようと決意をして、小さい頃からパソコンでプログラミングを独学したんだ。**将来ＩＴ業界で働くことを考えて大学も選び、そこで学ぶことを目指して高校の授業では優先的に理系の授業を取った。**

さらに、**アメリカの高校のアドバンスト・プレイスメント（Advanced Placement）という制度も活用した。**これはカレッジボードというアメリカの高校生の大学進学に関する種々の事業を展開するＮＰＯが運営しているもので、高校生に対して大学の初級レベルのカリキュラムと試験を提供する早期履修プログラムのことなんだ。この科目を取って、テストで良い結果を出せれば、進学先の大学によっては大学の単位として認めてくれることがあるんだよね。

僕はＩＴの授業はもちろん、数学や物理などの授業もこの制度を活用していて、高校の最後の年にはテストも合格したので、実質大学の1年分の単位を高校時代に取得していたんだ。**つまり、高校時代に大学の1年分を終わらせていたので、実際大学には飛び級で進学して、ミシガン州立大学に2年生として入学した。**このＡＰの制度を使うこと自体は珍しいことではなくて、周囲の人もやっていたよ。

とにかく**効率的に早く目標を達成したいという気持ちが強い**僕にとってはこの制度はぴったりだったんだけど、じゃあなにが起きたかというと、僕の大学時代の夏休みは減ってしまったんだ。いや、決して夏休みに遊びたかったわけじゃないよ（笑）。実は**アメリカの大学生にとって夏休みはとても大切で、この間に企業でインターンシップをしたり、自分が行っている研究をさらに追求したりして、社会に出る前に実績を作るんだ。**

アメリカでは就職活動も日本と違って、大学の夏休みにインターンシップをして、その後、その経歴を持って会社を受けるのが一般的なんだよね。しかも、日本の新卒採用のようにまっさらな状態で入社するというよりは、「自分はこの仕事ができます！」というデータをもって、会社に入った段階ですぐに活躍できる即戦力となる人材だということを証明しなくてはいけないんだ。だから、夏休みに大学生たちは必死になって経験を積むんだよね。でも僕は1年少なかったから、就職のために必要なインターンを経験できる機会が1回減って、2回しかなくなってしまったんだ。

僕が大学生の時には、今も世界のトップを走る、あの世界的な検索エンジンの会社が始まったばかりで大ブームだった。当時は「あそこでインターンシップができたらそのまま就職ができて、勝ち組になれる！」っていう感じだったかな。その後の就職活動でも履歴書に「世界的検索エンジンの会社でインターンをしていた」という実績が書けるし、起業をしても投資家がすぐ集まってくれる……みたいな、**人生のフリーパスをもらえるのが〝あの会社〟のインターンシップだった。**

そんな風潮だったから、成功への思いが強かった僕はどうしてもそこのインターンシップに合格したかった。でも、3年間の大学生活の中でインターンシップができるチャンスは2年生と3年生の2回の夏休みだけ。人より1回チャンスは少ないけれども、僕はインターンシップに申し込んだ。

でもね、申し込んだからといって、すぐに本社に面接に来てくださいというわけにはいかないんだよね。まずは電話面接。日本の面接だと「志望理由は?」とか「学生時代に頑張ったことを教えてください」とかそういうことを聞かれることが多いだろうけど、そんなの一切なし! 「こういう問題があったら、あなたならどう解決する?」みたいな論理的に解決策を導き出すことを尋ねてきたり、実際にプログラムのコーディングの問題を解くこともあった。

約1時間程度の電話面接に合格して、「やった! 今度は本社で面接だ」と思ったら、また次の電話面接。で、そこでも本当に頑張って合格をもらって、「次こそは!」と思ったらまた電話面接。結局7回電話面接を行って、やっと本社へ行くチケットを手にしたんだ。

「あぁ、やっとここまできた。あとは本社での業務内容の説明があって、サインだけかな」なんて思っていたら違い、ここからが本番だったよね（笑）。本社で7人とそれぞれ1時間の面接。最後はなんと上層部との面接だった。今まで**「合格・合格・合格・合格・合格・合格・合格」だったから「合格！」かと思いきや、まさかの「不合格!!」**だったんだよ！

「はい、終わり」

もうね、僕、頭が真っ白になったよ。だって、2つしかない夏休みのうちの1つがなにも残さずに終わったんだよ。電話面談は7回あったから、何週間も時間を取られていたし、なんとか入りたくて、1時間の電話面接対策の勉強もずっと行っていた。**結局僕に残ったのは白紙の履歴書だけ。**

世界一の検索エンジン会社の最終面接までいったという実力があるじゃん、と思うかもしれないけど、それではまったく意味がない。履歴書に書けなければばなにもないのと同じ。どんなに頑張ったとしても〝あの会社〟にとって僕は、いくらでも代わりのいる人間だったとしても、傍から見たらなんの実績もない人間だったんだ。

代わりのきかない人間にならなくちゃ成功への一歩を踏み出せない。

2回しかない貴重な夏休みの1回で、なんの結果も残せなかった僕は、先に進むためになにがいけなかったんだろうと分析することにした。当時〝あの会社〟がインターンを募集していたのは数十人。それに対して何人が申し込んだんだろうと考えてみたんだ。

僕はミシガン州立大学に通っていて、僕の大学だけで約4万人の学生がいて、1学年には約1万人いた。当時、僕の世代の人はみんなITだったらすぐお金が稼げるし、その中でも一番は〝あの会社〟という考えを持っていた人がほとんどだったから、多分、僕の大学の僕の学年だけで数千人は申し込んだと考えられる。だからこの時点で**上位1％に入らなくてはいけない**んだよ。さらに、ミシガン州には僕の大学と同じサイズの大学がたくさんあって、しかもアメリカは50州ある。だから**上位0・01%にならなくちゃいけない。**しかも世界企業だから、全世界から応募があるわけで、本当にとんでもない数の人が、この数十人の枠に応募をしてくるんだよね。

簡単に説明すると、〝あの会社〟のインターンに合格するためには1万人の中の一番輝いている人じゃないと選ばれない確率なんだ。**当時の僕は9998名には勝つことができたけれど、最後の1人に負けた。結局、いくらでも代わりのきく人材だったんだ。**

「こういう厳しい競争の中で勝つためにはどうしたらいいんだろう」

そう考えた時、僕はプログラミングのスキルだけで勝負をするのはダメだ、と気がついたんだ。1つのスキルで1万人に打ち勝つのは、相当な専門性や飛び抜けた能力がいる。でも、9999人に勝って、僕が最後の1人になるためには1／10，000で勝負をするのではなく、1／100×1／100で勝負をすることもできるんじゃないかと思ったんだ。

どういうことかというと、例えば**100人のうちの1番のなにかの能力と、もうひとつ100人のうちの1番のなにかの能力を掛け合わせれば、1／100×1／100＝1／10，000になって、9999人に勝つことができる人材になれるということ。**

僕は〝あの会社〟のインターンを目指していたときはプログラミング一本で勝負をしていたけれど、そこにもうひとつなにかの能力を掛け合わせれば、誰とでも代えのきく人材ではなく、市場において1／10，000の人材と同じ価値のある人材になれると気がついたんだ。

そこから僕は「じゃあ、プログラミングになにを掛け合わせればいいのだろう」ということを考えるようになったんだ。

能力の掛け合わせで1万人のトップに！

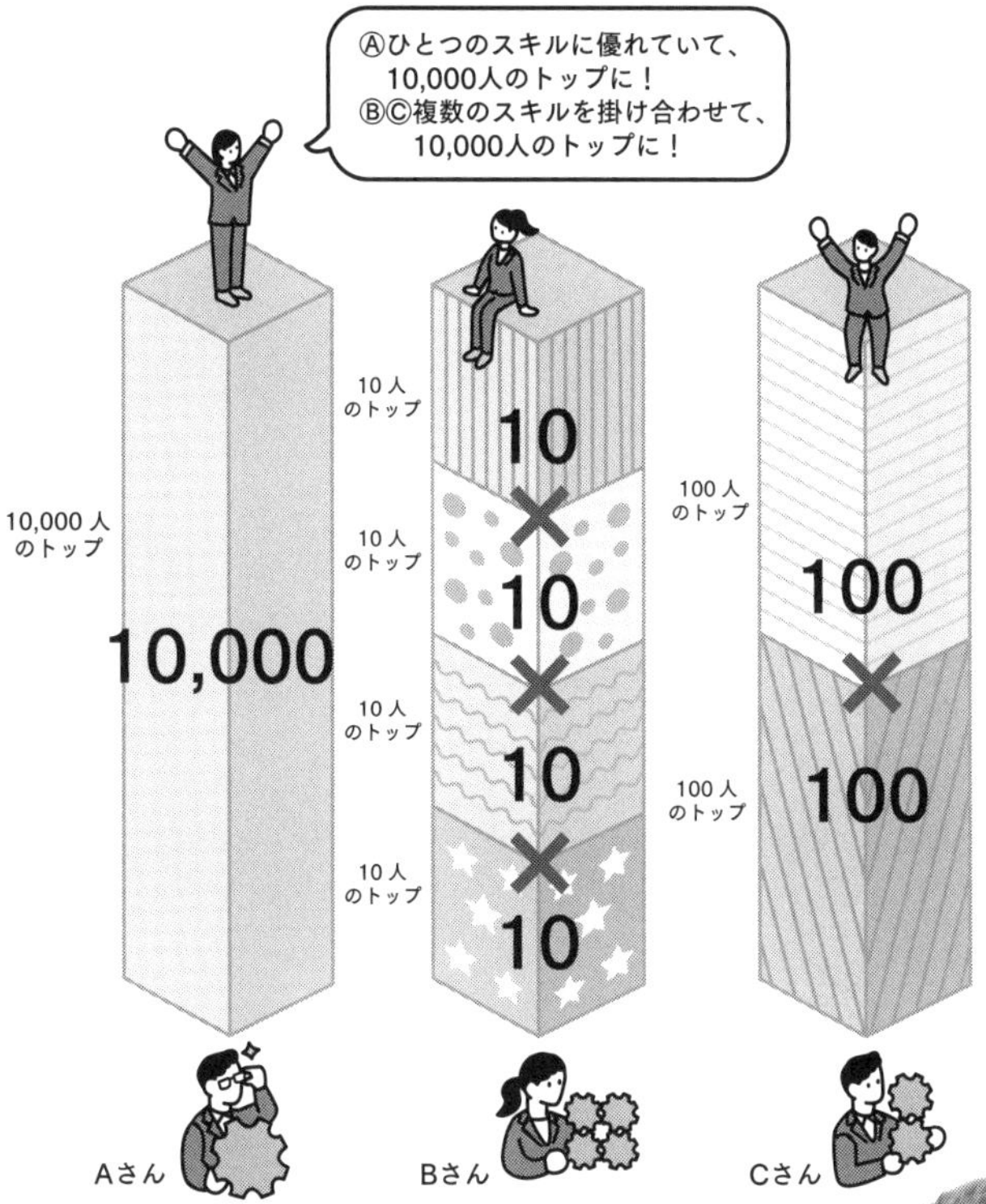
Ⓐひとつのスキルに優れていて、
10,000人のトップに！
ⒷⒸ複数のスキルを掛け合わせて、
10,000人のトップに！
10,000人
のトップ
10,000
10人
のトップ
10
×
10
×
10
×
10
100人
のトップ
100
×
100
Aさん
Bさん
Cさん

ひとつの能力に秀でることができなくても、いくつかの能力を掛け合わせれば、ひとつの能力でトップに立ったと人と同じ立場になることは可能だ。ただ、そこで重要なのは、どんな能力を掛け合わせるかということ。

02 消去法で日本語を学び1／3として採用される

はじめに正直に話すと、僕は日本語を学ぶつもりはなかった。

でも、1／10,000の人材になるため、1／100はITで勝負をするとして、さぁ、もう1つはなにを武器にしようといろいろ考えたときに、周りを見渡してみるとIT以外にマネジメントを勉強して、MBAを取る人が多かった。まぁ、考えつきやすいことだよね。これらの勉強をしてもよかったんだけど、また**母数の多い中で勝負をすると、時間も労力もかかる**と僕は判断したんだ。

そこで僕は**「あえて人がやっていない、周りとは違う能力を足さないといけない」**と考えた。そんなとき、**日本語を学んでいる人が周囲には少なかったの**

で、「IT」×「日本語」で僕は勝負をしようと考えた。

中国語でもなく韓国語でもなく、なんで日本語を選んだかというと、当時大手の技術関連の会社のほとんどが日本の会社だったんだ。例えばソニーとかね。工場などで使用されるロボットとかも日本の会社が多いイメージがあった。一方で中国の会社の名前もよく見かけたよ。でも、僕は日本語を選んだ。なぜかというと、やはり中国は共産主義で、どれだけがんばっても国がバックにあるから資本主義が守られないんじゃないかという不安があったんだよね。技術的に進んでいて、かつ資本主義が守られる、しかも当時は2つ目に大きい経済大国だったから、日本を選んだんだ。

あとね、これはみなさんには耳の痛い話かもしれないけれど、**英語が話せる僕が中国語や韓国語を学んでも、あまり強みにはならないんだよね。なぜかというと、もう普通に英語が話せる現地の人がたくさんいるから。**中国も韓国もビジネス英語を話せるのはもちろん、とても流暢に会話ができる人が日本と比較して非常に多いんだ。だから僕が中国語や韓国語が話せたとしても、同じような現地の人がいるから僕自身の価値はそれほど高くならない。結局ＩＴ一本で勝負をするのと同じになっちゃうんだよね。

当時は中国や韓国が日本と同じく技術的に進んでいたけれど、今の時代に置き換えて考えると、ＩＴ大国のインドも候補として考えられるかもしれないね。でも、インドの公用語のヒンディー語が使えたとしても、インドは国内で使われる言語が約４６０もあるから、準公用語として英語を使用しているんだよね。だから、インドの人は普通に英語を話せる人がかなり多い。しかもＩＴを学んでいる人も多い。そうなると、結局インドでも僕は普通の人なんだ。**日本は不思議と英語を話せる人が多くないから、以前も、そして今も、英語も日本語もできる自分の価値は高いんだよね。**

ある意味、消去法のような形で日本語を学ぶことに決めたわけだけど、実際に大学で日本語を勉強し始めたら、ほとんどは日本文学とかを専攻している人で、ＩＴを専攻している人で日本語を学んでいる人は１人もいなかった。だから当時の僕はこのまま日本語が使えるようになれば、技術的にも進んでいる日本とシリコンバレーの橋渡し役的な形で将来活躍ができるんじゃないかと考えるようになったんだ。

そうしてＩＴと日本語を学び続けていたら、最後の夏休みがやってきた。そう、僕にとって履歴書に「大学時代になにを成し遂げたか」を書けて、しかもインターンにチャレンジできる最後のチャンスだ。

１／１００のＩＴの能力と１／１００の日本語の能力をフル活用できるインターンはないかと探していた時に、旭化成の音声認識ソフトウェアの研究職を見つけた。でもこのポジションは世界的検索エンジンの会社のように数十人採用するわけではなく、たった１人。そう、まさに１／１０，０００だったんだよ。相当な倍率の勝負になるだろうと心して挑んだところ、縁があって採用された。その時はとてもうれしかったのと同時に、いったい何人の応募があったのだろうと気になったので、尋ねてみたところ、なんと「３人」しかいなかったというんだ。

このポジションで必要とされていたのは、最先端の技術がわかるコンピューターサイエンスを学ぶ現役大学生で、アメリカ英語の音声認識の開発だったからアメリカで生まれ育ったネイティブスピーカーであること、そして日本にある研究所での採用だから、日本語が話せて日本文化にも理解のある人だったんだ。しかも、アメリカ英語の中でも僕の育った地域の発音は少し独特で、APPLEという単語の母音を鼻の奥から発音するんだけれど、まさにこの発音で音声認識が苦労をしていたらしいんだ。各種条件を満たした上で、さらに研究で困っていた発音をネイティブで話す人なんて、世界を見回しても何人いますか？　そうそういないよね。いや、ていうかこれ、まさに僕のためのポジションじゃん！

このとき、僕は1万人と戦ったわけではない。3人の勝負で2人に勝っただけだ。でも、**人がなかなかできないことを、自分ができるようにしておく、つまり「自分にしかできない」っていう人材になると、より活躍しやすくなるんだ。**そもそも1万人いるところでの勝負ではなくて、少ない母数で戦えれば、勝つ確率だって上がるでしょ。インターン経験を通じて、戦略的に考えることが良い結果を導き出すことを身をもって体験したし、なにより良い機会を与えてもらったのがとてもうれしかった。実際、仕事はとても充実していて、自分を大幅に成長させることができるものだったので、当初は3ヶ月夏休み期間だったものを大学に交渉して1年間休学して仕事を続けた。

ただ、実際に仕事を始めた当初は「できる」と思っていた自分の甘さにがく然とすることばかりだった。結局、勉強をしていても実践できなければ意味がないんだ。身につけたスキルを実際に使えなければ、できないのと一緒なんだよね。

03

自信があれば「できる」と言ってしまえばいい

旭化成のインターンとして日本に来たわけだけれど、仕事はとてもやりがいがあった。音声の認識率が上がれば数字に現れるという、努力が結果として目に見えるというのが僕の性格に向いていたんだと思う。

ただ、一つだけとても残念だったことがある。それは日本語。そう、自分の武器として身につけた日本語が、実は使いものにならなかったんだ。**勉強をしていてもそれが実戦で使えなければまったく意味がない**ということをそのとき身をもって学んだよ。いくら資格を持っていても、それはあくまでも資格。できるかどうかは別なんだよね。**資格を保有したなら、さらにそれを使わないと意味がないんだ。**

「日本語ができます」と言ってきたはいいけれど、まったくできない自分が本当に悔しかった。当時、社員の人と話をしていてもわからないなと思うことが正直あったんだよね。でも、「できます！」と言ったからには「できるようになるまでやる」と腹をくくって、仕事を終えたら自宅で日本語を勉強した。

入社試験の際に様々な条件とか書いてあると思うんだけど、**そのときは完璧にできなくても、できるようになる自信があるなら、ちょっと過大に実力を伝えてもいいいんじゃないか**と、この経験をした自分は思う。

来日した当初は使いものにならなかった日本語も、「エンタの神様」（日本テレビ系列）とか、お笑い番組を見て楽しみながら勉強をして、漢字も1日決めた数だけ必ず勉強を続けたことで、日本にいた1年は独学で、アメリカに戻ったらすぐに日本語検定の2級を取得できた。正社員として働くには資格としては足りないかもしれないけれど、日常の生活や仕事に困ることのない語学力を、仕事で結果を出しながら1年で身につけることができた。そう、最終的には「日本語ができます」と会社に伝えた条件通りに僕は成長したんだ。

そして休学までして貴重な経験を積んだ僕は、ＩＴの技術者としての実力も、日本語の実力もつけて、またアメリカへ戻ることになったんだ。

04 興味が湧くもの？ 成長できるもの？ 僕が会社を選ぶ理由

インターンを終えてアメリカに帰ったんだけれど、僕はどうしても「日本へ戻りたい」という気持ちを消すことができなかった。アメリカにいるのに頭の中ではファミリーマートのあの入店のチャイムの音が頭から離れないんだよ！でも、そうはいってもアメリカで大学も卒業しなくてはならないから、学業と同時に密かに日本語もコツコツと勉強していた。いつ日本へ戻っても活躍できるようにね。

そしていざ就職活動となった時、僕は日本の企業に入社することも考えたんだ。でも、**日本の多くの企業は新卒で入った人に責任のあるポジションを任せてくれない**よね。日本は即戦力のある新入社員を取るというよりは、まっさらな人材を採用して、会社のやり方をイチから学ばせる傾向があって、僕にとってはそれがネックだった。日本には本当に行きたかったのだけれど、そういう体質の**日本の企業に入ってしまうと、自分が成長できない、つまり、稼げるようになるまでに時間がかかる**と判断したんだ。

そんな葛藤を抱えながら、結局僕は自分を大きく成長させてくれそうなGEヘルスケアに入社したんだ。GEは安定したアメリカの一流大企業だし、そこでエンジニアとして働けるということに加えて、特別な次世代リーダーシップ訓練プログラムを受けることができるということが大きな魅力だった。

3年の間に毎年違うプロジェクトに関わりながらソフトウェアを開発して、リーダーとなるための特別な訓練も受けさせてもらえる。しかも夜間には大学院に通って、コンピューターサイエンスの修士号も取らせてくれる。もちろんその学費も全額負担してくれるんだ。こんなすごいチャンスはないよね。会社から給料も学費も支払ってもらいながら、自分が成長することができる。日本への未練はあったけれど、**僕は今現在の興味より、将来に向けて成長する方をとったんだ。**

３年間の次世代リーダーシップ訓練プログラムを終えて、さあ、普通の社員として働くぞ、というタイミングで、僕はやっぱり自分のスキルを最大限に生かしたくなったんだ。旭化成とＧＥでＩＴのスキルは身につけた。そして、ずっと勉強を続けていた日本語はアメリカにいる間に日本語検定1級を取得して、ビジネスレベル以上の能力も身につけた。さらにコンピューターサイエンスの修士号という肩書きも入って、改めて日本でＩＴの仕事ができないかと考えるようになったんだ。

ＧＥの仕事が嫌だったわけではないよ。最初にも話したようにアメリカでは一流と言われる大企業だし、きっとなんの不満もなく定年まで幸せに暮らせるような良い環境だった。医療系のソフトウェア開発だったからこそ、人の命や健康に関わるという意味ではやりがいもあったし……。でも、やっぱり僕はそれでは満足できなかった。幼いころから感じていた「成功したい」「権力を持ちたい」「お金を稼ぎたい」という気持ちは消えなかったんだよね。

そこで、上司に相談をしたんだ。

「僕はプログラミングのスキルもあるし、日本語は上級レベルで、かつ日本で仕事をした経験もある。この僕の能力を生かさないのはもったいないし、会社にとっても損失ではないだろうか？　日本に関われる仕事をやらせてほしい」

そう上司に伝えると

「日本法人があるのに、どうして君が行くんだ」

っていう返事が来た。

その時、あぁ、ここでは定年までゆっくりと生きていくしかないのかな、大きな責任のあるポジションには就きにくいのかなという印象を受けて、転職することを考え始めました。

05
給料は自分の価値が会社にどれだけ貢献できるかで決まる

僕は社長になりたかった。権力も、お金も手に入れることができるから。もちろんその代わりに重い責任も負うけれどね。でも、それはGEでは達成できないことがわかったから、**僕はGEで仕事を続けながら、自分の価値をより高めてくれる次の仕事を探し始めた。**

そんな時、シカゴのベンチャー企業で、BigMachinesというクラウドサービスの会社が、アメリカである程度成長したので、次は世界で展開したいという話があったんだ。もちろん、日本法人も立ち上げたいということで、その日本法人のポジションを1名だけ探していると耳にした。つまりは日本法人の社長だよね。これは相当厳しい条件で人材を探しているんだろうなということは想像に難くなかった。

実際、その条件は「3年以上のエンジニア経験者で最先端のクラウドコンピューティング技術を理解する人。また、1年以上日本に住んだことがあって、さらに実際に働いた経験のある人。日本語検定は1級レベルを保有して、かつ、英語ネイティブスピーカー」ということだった。

こんなハードな条件満たす人いる？　いないよ。いや、あれ、ちょっと待て。

これ、僕じゃん!!　Just me だよ！

当時僕は24歳だったけれど、そんな僕にBigMachines側は「あなたのような人を待っていた、あなたに来てほしい！　日本にずっと進出したかったけれど、あなたのような人材が来るまでこのプロジェクトはずっと止まっていたんです。よく来てくれました、ありがとう」という反応だったんだよね。

そういう経緯もあって、僕はGEを退職して、BigMachines の日本法人社長として働くことを決めた。日本で働けるといううれしさに加えて、もうひとつ良かったのは、**年収の交渉がとても僕に有利だった**んだ。だって、僕がいなければこのプロジェクトはずっと止まったままなわけだからね。完全に交渉の立場は逆転。かなり好条件で交渉を進めることができた。

しかし、残念なことにこの会社は2年ほど勤めたところでOracle社に買収されてしまい、また僕は大きな企業の一員になることになったんだ。でも、どうしても僕は大きな存在の一員になるのが嫌で、今現在も勤めている日本のITベンチャー企業・株式会社テラスカイという会社に転職することにしたんだ。

でもね、短い時間ではあったけれど、BigMachinesでの経験はテラスカイへの転職に役立ったよ。テラスカイはBigMachinesとは逆で、今度は「日本では事業がうまくいっているので、今度は世界を目指したい。アメリカ法人も立ち上げたい」という話だったんだ。誰がこの要望を満たすことができますか？そう、BigMachinesで日本法人を1人で立ち上げたアメリカ人の僕なら、テラスカイの条件にばっちり合うし、さらにはアメリカで働いた経験もあるから、アメリカ法人立ち上げの事情もよくわかる。
最初のGEからそしてテラスカイと、僕は自分の能力をアップさせることで、価値を高め、それらをフル活用しながら転職をしてきたから、給料も確実にアップさせてきた。

すごく単純な話だけど、**給料って自分の価値が相手の求める要件にどれだけ必要なもので、かつ貢献できるかどうかで決まる。だから勉強して自分の価値を高めないと、給料も増えないんだよ。**僕は働きながら勉強も続け、常に自分をアップデートさせてきた。それが代えのきかない人材になる方法で、かつ、稼ぐことにもつながるんだ。

COLUMN 2

ブラック企業だけを責められるのか？

「今、勤めている会社がブラック企業だ」「ブラック企業から抜け出せない」、と嘆いている声をニュースなどでも聞くよね。もちろん法に触れるか触れないかのレベルで酷い制度の会社もあるとは思う。でも、一方で僕は企業の責任だけにはできない側面もあると思う。

会社としては「安い賃金で環境が整っていない会社でも、やってくれる人がいるなら、その人に頼む」よね。だってそうすれば会社の利益は増えるのだから。**資本主義の基本は利益を最大化することだから、これは当たり前のことなんだ。**

そんな中でくすぶっているままでは、企業にうまく使われて終わってしまうよ。今、自分がいる状況が嫌なら、**文句を言うだけではなくて、行動を起こさなくちゃいけない。スキルをつけて、自分の価値を上げて、そこから抜け出すんだ。**

もちろん周囲の圧力などが強くて、なかなかやめると言うことを切り出せないという状況もあるかもしれない。でも、そんな時こそ、**努力を続けたことで自分の価値を高めることができたという成功体験が役立つ**はずだ。この経験があなたに自信をつけてくれて、一歩を踏み出す勇気をくれると思う。環境が変わることであなたの待遇も給与も大きく変わる可能性はある。「ここから抜け出せない」なんてことは決してないよ。会社に人生を動かされてはいけない。自分の人生は自分で舵をとるんだ。

CHAPTER 3

ジェイソン流
お金を稼ぐ力をつける
8の方法

あれこれ言い訳はいらない。稼ぎたいなら「ただやるだけ！」

前章で僕の高校時代から今に至るまでの歩みを話させてもらったんだけど、実はその中に「お金を稼ぐための方法」がちりばめられていたのをみなさんは読み解くことができただろうか？

例えば、1万人の中の1番にはなれなくても、100人中の1番の能力と、もう一つの100人中の1番の能力を掛け合わせて1万人のトップの人と同じように**「代わりのない存在になる」という方法を編み出したのは「稼ぐために考える力」のひとつ**と言えるだろう。ほかにも、日本へ行きたいという気持ちはあったけれど、まずは自分の価値を高めるために**「成長するスピードを速めよう」**とGEヘルスケアでリーダーシップとプログラム開発を学びながら、大学院へ行く機会を優先していたことも稼ぐための方法のひとつといえる。

僕がこれまで「お金を稼ぐ」ためにやってきたことを振り返ると、実はまず**前提として身につける2つの基礎があって、これができるようになってから、さらに自分をステップアップさせる3つの項目をサイクルのように回していた。そして同時にルーティンとして3つのことを日常的にやっていたということがわかった。つまり「稼ぐ力をつける8の方法」がある**ということが見えてきたんだ。

それぞれの項目は僕の投資法のようにシンプルだ。**とにかく稼げるようになるために基礎を大事にした上で、サイクルを回しながら、日々のルーティンを行うだけ。**

今の仕事に満足をしていない人、今よりもっと収入を増やしたい人、もっと仕事で成功し、自分の裁量で仕事をしたい人。さまざまなきっかけがあってこの本を手にしてくれたと思うけれど、みんなゴールは「稼ぎたい」んだよね。それならば、ここで決意をする必要がある。それは**決して感情に流されず、「稼ぐ力をつける8の方法」をやるということ。**

仕事は「好き」とか「やりたい」という思いを優先して選んでもいいと思う。それはみんなの自由だ。でも、もし**「稼ぎたい」と思うのであれば、そこに感情は含めず、戦略的に行動をするべき**なんだ。

それからもうひとつ、**ゴールを達成するための情熱を持ち続けること。諦めないこと。**

前述した通り、僕はどうしてもインターンであの世界的な検索エンジンの会社に入りたかったし、情熱を持って必死に取り組んでいた。でも、結果はみんなも知った通り、最終面接で不合格。この話をすると多くの人から「それだけ熱意を持っていたのに不合格になってへこまなかったんですか?」ってよく聞かれる。でも僕はへこまなかった。だって、僕のゴールは「稼ぐこと」「権力をもつこと」だった。あそこで仕事をするのはあくまでも手段だ。とはいえ、あと1回しか夏休みが残されていなかったから焦る気持ちはあったけれどね（笑）。

どんな状況でもゴールを達成するために僕はモチベーションをずっと保ち続けていた。正直、僕自身もどうしてここまで情熱を持ち続けられるのかはわからない。というか、これは僕の生まれ持った性質なのかもしれないね。

あとは、生まれた環境の影響もあったのかもしれない。Meta（旧Facebook）の創設者で会長兼CEOのマーク・ザッカーバーグ氏は84年生まれで僕と2歳しか違わない。僕は彼をすごいなと思う一方、「彼にできて、僕にできない理由はない」っていう思いを常に抱いていた。僕だけではなく、僕と同じ年代のアメリカ人は「シリコンバレーで成功者になる！」とか「起業をして億万長者になる」って思っている人が多いんじゃないかな。同じ年代の人が成功している姿を同時代に見てきたからこそ、「自分にもできるはず」というマインドをもてるようになったのかもね。

そうはいっても、みんなからは「じゃあ、生まれつきゴールに向かってひたすら走る情熱を持ち続けられず、ザッカーバーグにも対抗心を燃やせていない僕たちはどうしたらいいんだよ！」といわれそうだよね。あのね、答えは簡単。

「ただやるだけ！」

このひと言に尽きる。これは『ジェイソン流お金の増やし方』の時にも書いた言葉なんだけど、**稼ぎたいならやるしかないんだ。やらなければ結果は出ない。**「アメリカ人だから、日本人だから」とか「日本流のビジネスでは通用しない」とかあれこれ言い訳をつけてやらないなら、稼ぐことはできない。

すごく冷たく聞こえるかもしれないけれど、みんなが稼げるようになるか、どう生きるか、は僕には一切関係ない。**僕の意見はあくまできっかけでしかなくて、そこからどういう行動を起こすかは本人次第。そして行動を起こせる人が変わることができる**ということなんだ。**稼ぐためには「ただやる」しかないんだよ。**そして僕ができるのは、僕なりの成功法をみなさんで伝えるだけ。でも、ひたすらゴールに向かってこれから解説する8つのことを地道にやっていけば、きっとみんなの道も開けると信じている。

その8つの方法は以下の通りだ。

前提として身につける2つの基礎

①論理的思考力をつける
②実践力を養う

この2つは「稼ぐ力」をつけるための基本。この2つの力が次のステップで自分の価値を高めるためのアクションを取る際に役立つんだ。

ステップアップをするためのサイクル

③世の中で必要とされていることを見つける

④自分にしかできないことを把握する
⑤自分の価値を売り込むために交渉する

この**③から⑤の項目は自分の価値を上げて、自分を今いる場所から次のフェーズに上げるために必要なこと**なんだ。今、仕事をしている人も、これから就職をする学生たちも③の「世の中で必要とされていることを見つける」ことから、⑤の「自分の価値を売り込むために交渉する」まで**順番にクリアすることが重要だ。**そして、今の環境や年収から上がることができたら、また③に戻って、順に行ってほしい。そうすることで、常に自分の市場価値を上げてステップアップすることができるんだ。

そして、次に記すことは、③から⑤の行動を順に行っている間、常に同時進行でやってほしいことだ。

日々のルーティン

⑥無駄をなくす
⑦失敗しても切り替える
⑧成長のスピードを重視する

これらを日常的に行うことで、効率的に③から⑤のサイクルを回すことができるようになって、ステップアップのスパンを短くすることができる。

次のページからはこの8つの項目をさらに詳しく説明していこうと思う。

稼ぐ力をつけるために行う8つのこと

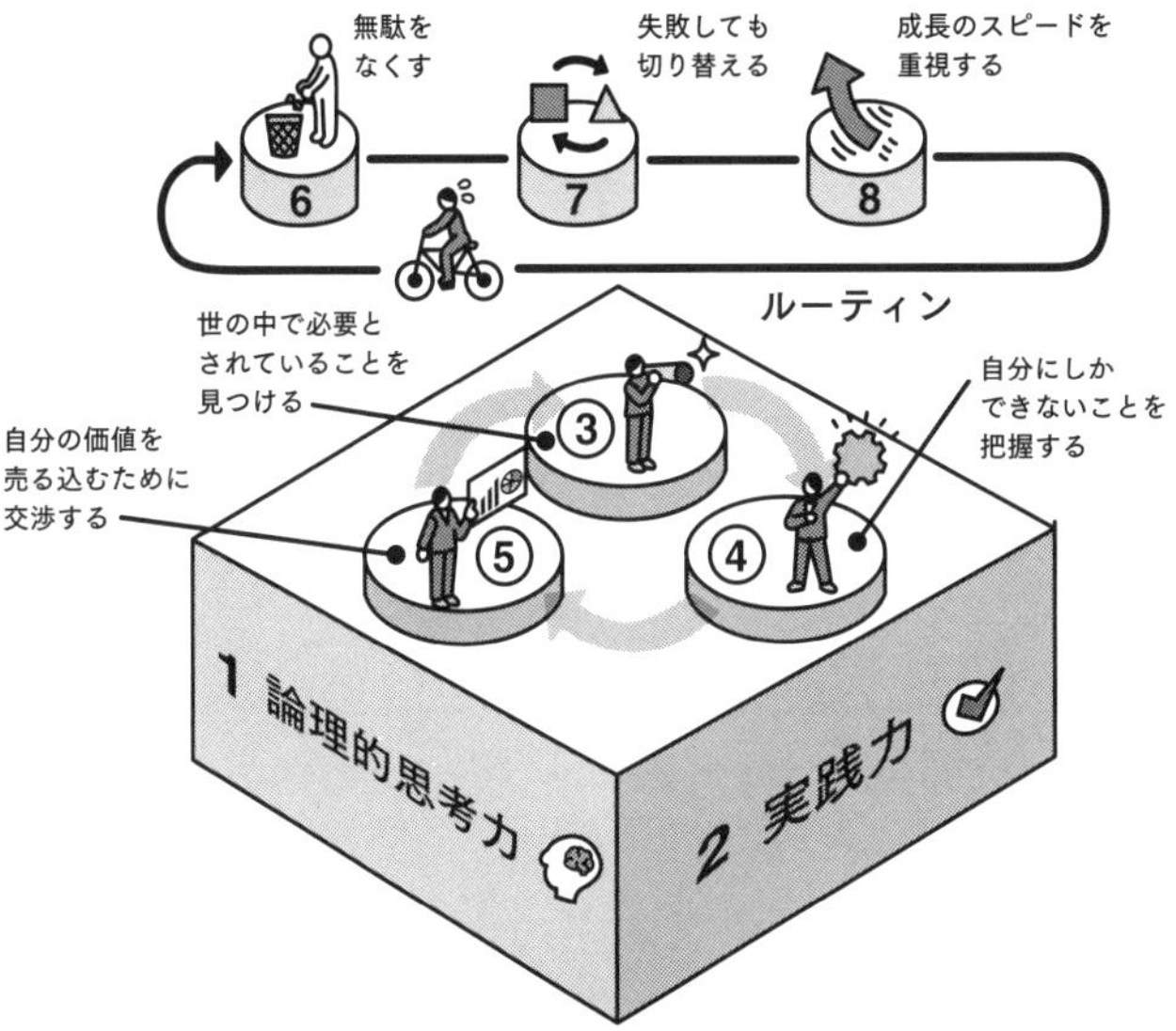

論理的思考力をつける

考える力がなければ、使い捨ての人間になる

自分でいうのもなんだけれど、僕は小さいころから考える力があったように思う。とはいえ両親からそういう教育を受けたわけでもない。ただ、もしかしたらアメリカという環境が「考えなくてはいけない」というプレッシャーを僕にかけていたのかもしれない。

アメリカでは子どものころから「自分だけのスキルを身につけなさい」ということを大人によくいわれる。というのも、アメリカはとにかく競争が激しい世界だから、「ほかの人より優れていないと、後で苦労しますよ」ということを小学生くらいから言われ続けるんだ。さらに「あなたはなにになりたいの？」「それになるにはなにが必要ですか？」というように、自分で手段を考えるように促してくる。まぁ、そういわれてもなんの行動も起こさない人もいるけれど、僕はそういうことをきっかけに考えるようになったんだと思う。

ＩＴバブルの真っ只中で思春期を迎えていた僕は世界が刻々と変わっていくのを目の当たりにしていたからこそ、幼心に「ＩＴをやろう！」と決めた。そうすると今度は勉強をするためにパソコンが必要になるよね。そのため両親にパソコンをゆずってもらうために説明をしなくちゃいけない。そこで今度は両親を説得する方法を考えるんだ。こういう**小さな「考える積み重ね」が力になっていったのは間違いない。自分の仕事も人生も自分で舵を取らなければ、誰がやってくれるんだ？　誰もあなたのためにお膳立てをして考えてくれることはないよ。だからこそ、どんな場面でも「自分で考える力」が必要なんだ。**

生活の中の「嫌だ」を回避する方法で「考える力」をつける

そういえば、僕は子どものころ両親から「この子は弁護士になるんじゃないか」と言われたことがあったんだ。というのも、**お父さんやお母さんが僕に「○○をしなさい」とか指示をしてくる時、それに納得できないと徹底的にやりたくない理由を図やデータを用いて、論理的に反抗していた。**

親もそこまで理路整然と「やりたくない」という理由を述べられると了解せざるを得なかったらしくて、そういう僕の姿を見て「弁護士になるのでは」と呟いていたらしい。

この僕の話は「嫌なことから逃れるための方法として徹底的に考える」という、とても小さなことだよね。でも、こういう**生活の中の小さなトラブルでも、相手が納得するように考えて説明することができるようになるというのは、仕事でも間違いなく役立つスキル**になるはずだ。

解決方法を自分で考えることを上司は期待している

僕が過去の経験でよく見た光景で、少し残念な人の行動があるんだ。

例えば僕が「いつまでに○○という課題を解決してほしい」と依頼をすると、デキる部下は、「はい」という返事のみで仕事に取り組む。そして、期日までに問題を解決することができなかったとしても「こういう手法で課題に取り組みましたが、◆◆が原因で結果を出せませんでした。ただ、時間をもらえるなら▲▲という方法でもう一度解決に向けて取り組みます」と説明してくれる。

つまり、**失敗をしたとしても、取り組んだ手法とその敗因、さらに今までとは違う手法で解決できるかもしれないということまで考えて、提案をして報告をしてくる。**

でも、デキない部下は仕事を依頼した際に「**これはどうやったらいいでしょうか？」と言ってくる。自分で考える前に、まずやり方を聞いてくるんだ。上司が期待しているのは、それぞれが自分で考えて解決することで、「どうやったらいい？」って聞かれても困るよね。**丸ごとやり方を教えないといけないなら、上司が最初からやった方が早いよ！　自分で考える力がまったく身についていないんだなということが露呈している返答だよね。あまりに残念すぎる。

これはもしかしたら日本の受験が影響しているのかもしれない。とにかく正しい答えを暗記する勉強法が多いもんね。**多くの知識はあっても、それを使って新たな答えを導くように考えられなくては、実生活では意味がないんだ。**

考える力は自分を守る

日本の受験のこともそうだけど、多くの知識があることはとても素晴らしいんだけど、それを**自分で活用する方法を考えられない**、もしくは、自分自身の知識量の多さがいかに世の中で役立つかみたいな、**自分の価値について考えが及ばない**とどうなると思う？　そう、**あなたはいつまで経っても弱い立場のままで、使われる側の人間になってしまうんだ。**

サイコパスが稼げる人!?

オックスフォード大学博士研究員・ケヴィン・ダットン氏の研究で、会社のCEOは、サイコパス度が高い職業という結果が出たのを知っている？

CEOという責任を負いながら仕事をしているということは、洞察力や企業経営能力はもちろん、MBAなどを含めた多くの「スキル」や「資格」を持っていると考えられる。同時に「ためらわずにリスクをとる」とか、「どんな局面においても強いメンタルをもつ」も。それに、時には従業員をバッサリ解雇する「冷酷な性格」も必要だよね。もともとサイコパス気質の人だから出世しやすいのか、CEOという立場がその人のサイコパス度を高めたのかは僕にはわからないけれど、いずれにしても僕はとても納得ができたんだ。

「ビジネスを成功させる」＝「稼ぐ」ためには、役に立たないものは捨てるのが一番の近道だ。でも、ここで「いるもの」「いらないもの」を判断する能力が必要なわけで、それが考える力であり、さらにいえば「論理的に考えることができる力」なんだと思う。

こんなことを書いた後にいうと、僕もサイコパスと思われそうだけど、僕は感情の起伏が非常に少ないんだよね。でも、だからこそどんな時でも情に流される判断をすることはない。例えば「必要かわからないけれど、とにかく会議のために作る資料」があるでしょ、あれこそ本当に無駄だと思うから「いらない」「僕が作る必要がない」と僕だったら伝える。**上司が怒るかも、とかそんな感情を優先して、嫌だけど飲み込むなんてことをしてはダメだよ。**

会社は資本主義。よりメリットの大きい方が優先されるんだ。感情で流されて「無理やりやる」のも、「嫌だ、やりたくないです」というのも損をするだけ。**依頼を受けた場合と、そうでない場合の両方を論理的に考えて、自分にも会社にもよりメリットがあることを実行すればいいと思う。**

論理的思考力をつける方法 疑問を放置しない

考える力をつけたい人にまず最初に取り組んでほしいのは**「疑問を疑問のまま放置しない」**こと。僕はこれをことあるごとにやっています。

例えば、みなさんは上司から振られた納得のいかないこととか、「……はい」って飲み込んでいることってないかな？　断りにくいっていうのもあるだろうけれど、なにより上手に反論できるための理由を徹底的に考えられないからなんじゃないだろうか。

僕は基本、人から仕事を振られた時に「それは僕が本当にやるべきことなのか」ということを必ず考えます。前述した「定例になっているから作っているけれど、実はそれほど必要のない資料作成」とかあるよね。それってすごい時間と能力のムダ。

「とりあえず作る資料」に疑問を感じたのであれば、作らなくていいのでは、と提案をしてみる。でも、ここで**「作りたくないです」と言うだけでは社会で通用しないよね。だからここで代替案を考えるんだ。より効率的に作れる資料や、効果的な報告方法などをね。**詳しくいうと、**データ（数字）を活用した断り方をするのがいい。**「会議資料づくりで2時間かかるが、その間に○件の営業に回ることができて、さらにそれが成立すれば、約○○○円の売り上げにつながる。この資料はそれだけを生み出すことができるのか」みたいにね。

代替案を提案するためには、論理的に「なぜ必要ないのか、その理由は？」と考えて報告できるようにならなくてはいけない。こういう**仕事上の小さな疑問を解決していくことで考える力をつけることができる**ようになる。

あとは**ネットの経済ニュースや世界情勢のニュースなどでわからなかったことを流し読みで終わらせるのではなく、いちいち調べる癖をつけるのもいいかもしれない。**日常の疑問を流さずに、「ちょっと気になるぞ」「なんだろう」と立ち止まる癖をつけることがまず第一歩だ。

論理的思考力をつける方法 プログラミング

プログラミングをやっている人はわかってくれると思うけれど、コードを書く時にその物事の動作や順序を理解し、効率的に意図した動作や結果を導くためには、論理的に考えられないと次に進むことができないんだ。パソコンは命令通りに動くものだから、ひとつでも間違って書けば動かないからね。自分が思う通りの結果にならない場合、嫌でも正しく動くまで試行錯誤をしなくちゃいけないんだ。

プログラミングを勉強することで、物事の「目的（＝ゴール）」を的確にとらえることができるようになって、合理的に考えるというクセ、つまりプログラミング的思考も身につくんじゃないかな。

プログラミングについてまったく初心者の人で、なにから取り組めばいいかわからないという人は**「Scratch《スクラッチ》」からやってみたらどうだろう。**アメリカのMITが無料で公開しているプログラミング学習用ソフトなんだ。今、小学校でもプログラミングの授業が組み込まれているのだけれど、もし子どもがいるのであれば彼らがScratchで遊んでいるのをみたことがあるかもしれない。

プログラミングをすることで身につけてほしいのはコードを書けるようになる能力ではなくて、その概念。Scratchはコードを書くのではなく、ドラッグ&ドロップという簡単な方法で概念を学ぶことができるのでおすすめだよ。

プログラミング的思考力のつけ方

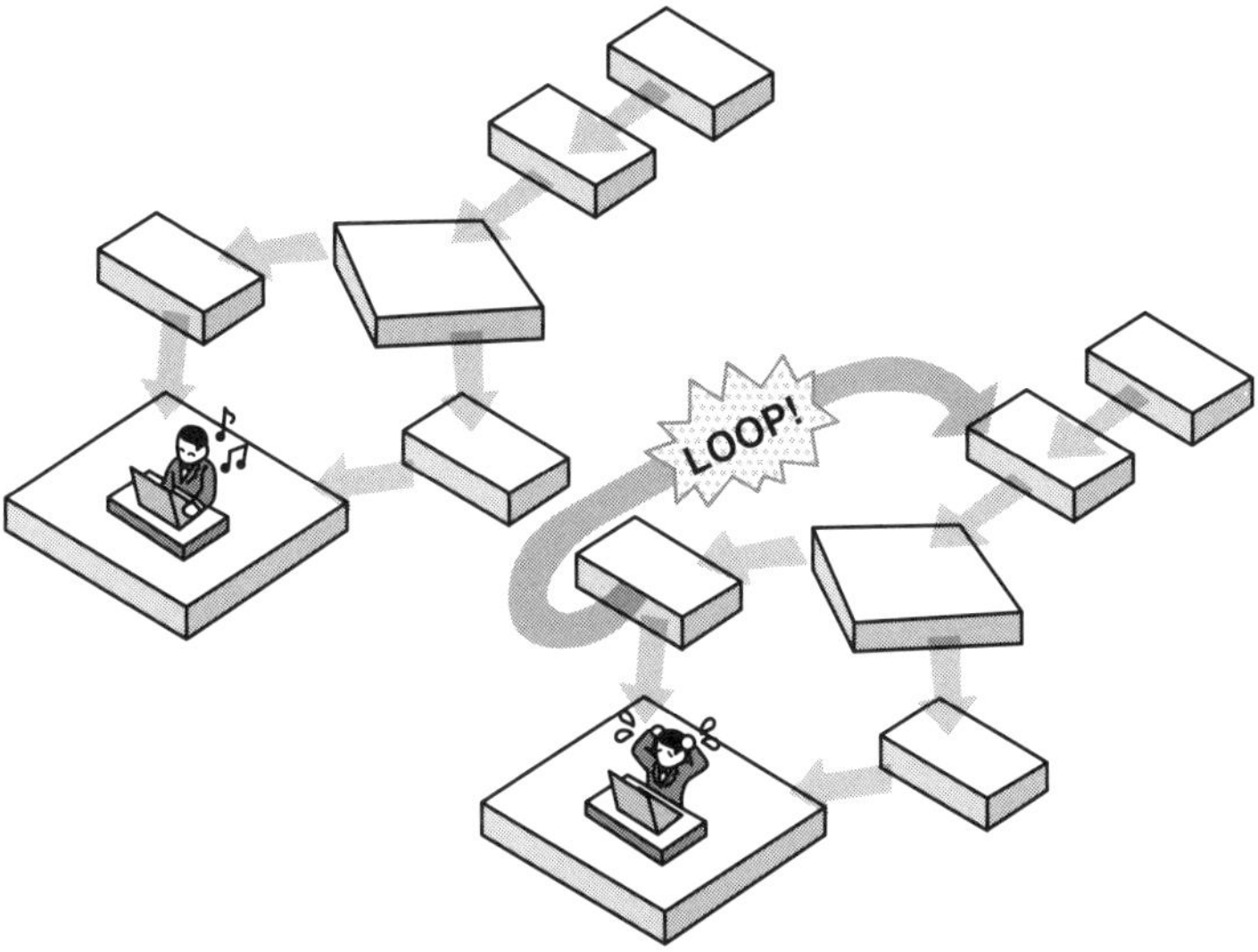

あなたが▽▽駅まで電車で行く所要時間を調べたい時、「○○駅から▽▽駅まで何分？」と尋ねても正しい答えは返ってこない。なぜなら「電車で行きたい」という言葉が入っていないから、もしかしたらAIは「渋滞がなければ10分で到着します」と道路で行く時間を伝えるかもしれないよね。正しい答えがほしいのであれば、「△△駅から○○駅まで電車で何分かかる？」と聞くべきなんだ。この正しい指示が出ていないとプログラミングは先に進めない。「誤解なく伝わるように、情報を整理する能力」がプログラミングでは養われるよ。

ちょっと変なんだけど、僕は自分自身がときどきプログラムで動いているように感じることがあって、やらなくてはいけないことを放置したままにすると、プログラムで次の指示が入らずに、ずっとループしているような気持ち悪さを感じる。

プログラミングでは「優先順位を決めて、次になにをするか」と考えながらコーディングをしていくんだけど、そういう考え方をクセにすると、ロジカルシンキングを身につけられるのと同時に、すぐに行動するクセがつく。この「すぐに行動する」というのは「実践力」ともいえるのだけれど、この「実践力」も稼ぐ力をつけるために大事な基礎となる要素なんだ。これについては次に詳しく説明していく。

論理的思考力をつける方法

相手の立場を考える

「相手の立場を考える」というと、日本的に配慮をして謙虚な姿勢を取ること、と捉えられるかもしれないね。でもそうじゃない。**僕が考える相手の立場を考**

えるは「相手が欲しがっていることに応える」ということ。

ぼくは旭化成に入って、GEヘルスケアに入り、そしてGEヘルスケアからBigMachines、そしてテラスカイと2度の転職をしたけれど、そのいずれの場合も、自分のアピールポイントを考えるより、転職先の会社がどんな人材を希望しているかを考えて、それに応える行動をとってきた。

旭化成の場合でいうと、提出する規定の履歴書以外に、**毎週携わったプロジェクトのサンプルコードと、そのコードで動いている動画を送った。会社からは一切そんなことは要求されていないのに、毎週毎週送ったんだよ！** なぜかというと、旭化成は最先端のプログラミングの技術があることをインターンの条件としていたんだ。つまり企業側は学生にその能力があるかを見極めたいはずだよね。でも申込書だけではなかなかその判断は難しいかもしれないと考えて、自主的にコードを送っていたんだ。

おかげで人事部の人からは「ここまでしっかりと実力を見せてくれたのはジェイソンさんだけだった。採用に関してあなた以外は考えられなかった」と伝えられたよ。

それにテラスカイに転職する際も「アメリカ法人を作りたい」ということだったから、会社からはなにも言われていないけれど、**自主的にテラスカイの英語版の製品チラシをチェックして、僕なりによりアメリカでウケるような言い回しに変えて提出したんだ。**こうすることで相手の企業に「ここまでちゃんとできる人が社内にいれば、海外へよりスムーズに出ていくことができる」と示すことができるでしょ。**相手のことを考えて行動することが、自分の実益にもつながると考えれば、これはやる以外ないよね。**

ちなみにこういうことを伝えると「会社から指定されたこと以外をやるのはためらわれるんだけど……」とかいう人がいるんだけど、もうその考えが僕にとってはナゾだよ。そんなことを考えている暇があれば動くべき！

どう思われるかより実際どうなるか、の方が大事でしょ⁉ そこまで情熱を見せられて嫌がられることなんてないと思うよ。会社が期待している以上のこ

とを提示できれば、会社も間違いなく興味を示してくれると思うんだ。

もし、「余計なことをするなぁ」なんて考える企業なら、こっちから断ればいい。そんな会社に入社してもきっと苦労をするだけだし、自分の価値を高めることなんてできないから。

論理的思考力をつける方法 事前準備と一晩寝かせる

僕は仕事でなにかを判断をする時は整理をする意味も込めて、すべて事前に数字を書き出して確認する。自分の考え方に間違いがないかを確認することもできるし、相手と交渉をする際に相手が感情で反論をしてきても「数字はこうなっているから論理的に僕の話があっていますよ」と説明ができる。事前にデータや事実を確認しておくことで、交渉の場で論理的に話を進められるからおすすめです。

あとは、**相手の受け取り方でビジネスの進み方が変わりそうな込み入ったメールは、あえてすぐに返事を戻さず一晩寝かせてから送るようにしている。**朝起きて、頭がクリアになった時にもう一度見直すと、実は見逃していたことや、修正すべき点が見えることもあるんだ。

論理的思考力をつける方法
友人や子どもとの「なぜなぜ？」

この本を読んでいて、まだ会社に属していない学生や、子どもを抱えている親御さんもいるかもしれないよね。そういうみなさんにとって**プログラミング以外で考える力をつける有効な方法は「会話」だ。常に「なぜ？」「どうして？」と問いかけてみることは考える力をつけるのにとても有効だよ。**僕には3人の娘がいますが、彼女たちとの会話で大切にしているのは「なぜ？」という言葉。彼女たちの疑問や意見にはすぐに答えや反論が出せるけれど、グッと堪えて、彼女たち自身が自分で考えるクセをつけられるようにしています。

学生さんたちだったら、友人と考える力を作る時間を設けて、あえてお互いに疑問を投げかけてみるのもいいだろう。自分だけで考えているときは流してしまっていた些細なことを、友人の「なぜ?」から考えることができるはずだ。

もうひとつ、**1つの質問に対して5つ以上の答えを出すという遊びもおすすめです。**これはアメリカの授業で取り入れられることも多い手法なんだけど、答えは正しくなくていいんだ。とにかく回答を5つ以上考えて、その答えを導き出した理由を説明できればいい。

例えば「学生の夏休みを2週間にしてもいいか?」みたいな生活に即した質問に答えてもらうのはどうだろう。5つ以上回答を考えるのは結構頭を使うよ。お子さんがいる場合は遊びながらやって、考える力の基礎をつけてもいいかもしれない。

実践力を養う

能力があっても、それを使えなければ意味がない

僕が日本語を大学で必死に勉強しても、実際に日本に来たら使えるものではなかったように、**勉強をしているだけ、資格を持っているだけではダメなんだ。**同じことが日本人の英語でもいえると思う。日本では中学からずっと英語を勉強しているけど、英語をコミュニケーションツールとして使える人は少ない。

自分の市場価値を上げるために資格を取るのは間違いじゃないよ。でも、資格を取ることが目的になってしまっている人が多い気がする。英語もそう。TOEICで満点とっていても、英語でビジネスができなければ意味ないんだよ。いくら英語の文法や単語を理解していても、点数が高くても、英語がしゃべれない人なんていらないよ！　これ、MBAとかでもいえることで、本当に肩書きを増やすだけのために大金使って資格を取るならもったいない。**勉強して、得た資格をどう活かすのかが大事であって、勉強のための勉強は、もうやめな**

いといけないんじゃないかな。

何度も「自分の価値を上げるために成長をしなくてはいけない」と言っているけれど、自分の長所や人より優れているところを活かさなければ、なにもないのと同じ。**使い捨ての人間にならないために自分の価値を上げる方法を考えて、そのスキルを身につけたのなら実践しないともったいないよ。**

今日できることをなぜ明日やるの

それからもう一つ重要なこと！　これを僕はいろいろなところで話しているんだけど、**今日できることは今日やるんだよ。なんで明日に延ばすの？**

僕はやると決めた瞬間、すぐにします。**やらなくてはいけないことをぐずぐず先延ばしにしているっていうことは、ほかのことができる貴重な時間を食い潰しているんだよ。成長できる時間を自ら捨てているようなものじゃん。**

僕は高校生の時も宿題が出たらすべて学校で終わらせていた。家に帰ったら学校のことに惑わされることなくパソコンをいじりたかったから。やらなくちゃいけないことが残っていると、それが気になって自由時間を心から楽しめないんだ。

実はおもしろいことに、僕が教えたわけではないのだけれど、長女もそういう行動をとっているんだよね。学校でやることをやって、家に帰ってきたら大好きな漫画を描いたり、のびのびと自分の好きなことに没頭している。

よく親子のケンカで「長時間ゲームをするから困る」ということがあると聞くけれど、僕は学校から帰ってきてゲームもよくしていたよ。でも、やることをやっているから親は口うるさく言えなかった。

自分がやることをすぐやっていれば、人から文句を言われることはないんだ。言い訳を並べる前にすぐ実践しよう。とにかく実践してみれば脳が「やろう」というスイッチに切り替わるはずだ。

実践力を養う方法

集中力がない人は瞬発力を活用する

僕は自分自身を集中力がないタイプだと思っている。集中力がないから、あちこち情報が散らばっていると気が散るし、頼まれたこととかもすぐ終わらせないと、ふと気がついたらほかのことを考え始めてしまうんだよね（笑）。

でも、**次々とほかのことを考えることができるっていうのは、裏を返せば瞬発力はあるっていうことじゃないかと思ったた**んだよね。だったらそれを活かして、とにかく集中が切れる前に「即、やる！」っていうふうにしているんだ。

実践力を養う方法

完璧を目指す必要はない

いろんなことを先延ばしにする人の中には真面目な性格の人もいるのかもしれない。完璧にこなさなくてはいけないという考えが大きいから、ずっと手放しできなくて、いつまでも実践に移せないのかもしれない。でも、**結果に大き**

ウサギもカメも結局同じゴールに到着

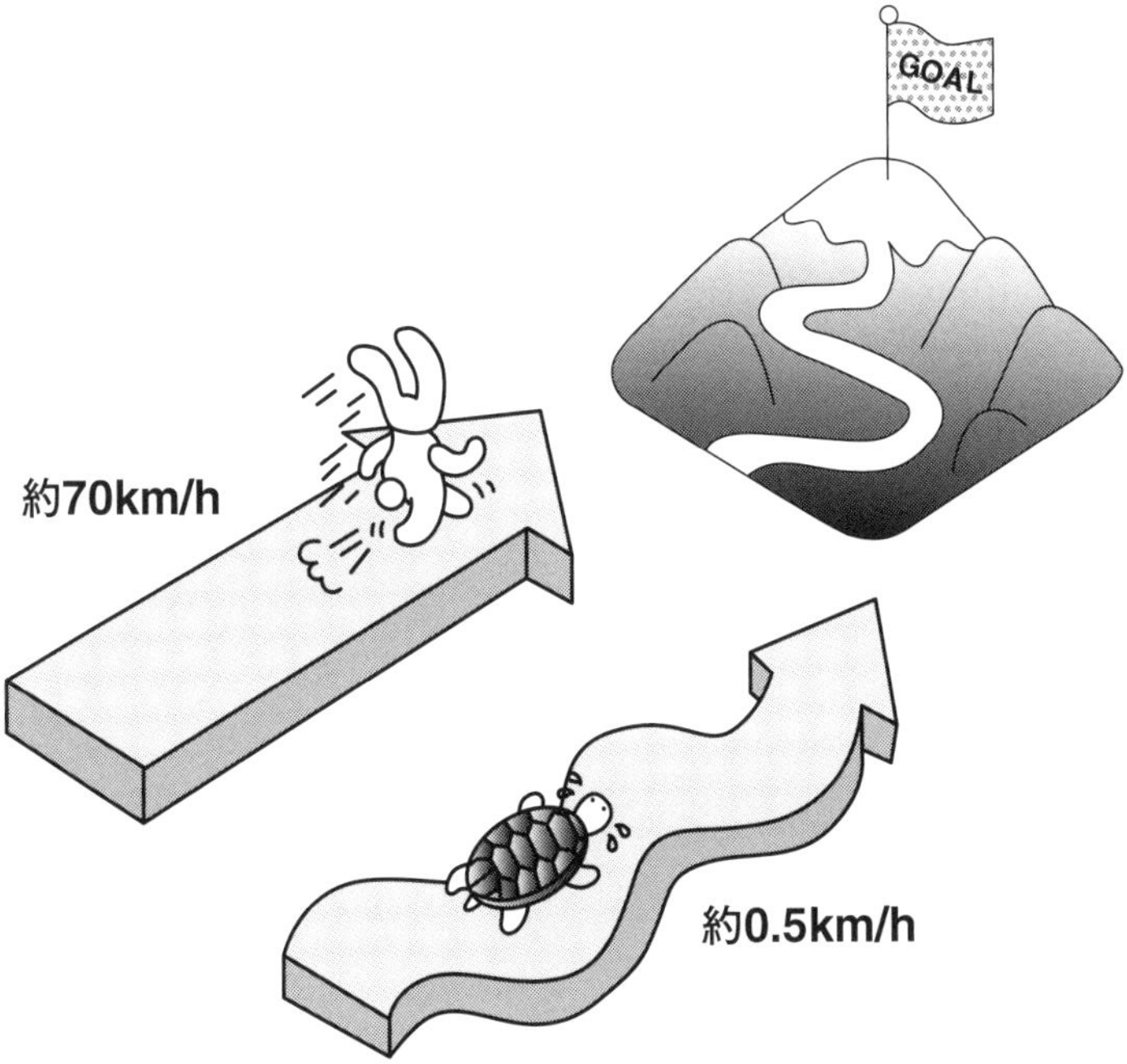

「そこそこで納得」というのは決して適当にやっていいという意味ではない。例えばウサギはカメより頑張って速く走りゴールをしたとしても、結局カメもゆっくりではあるけれど、同じゴールにたどり着く。全速力で走らなくても、結果が同じになるなら、ある程度力を温存するのも賢い方法だよ。

な違いがないのなら、常に完璧を目指すことはないんじゃないかな。時にはある程度の結果が出たら行動に移すことも重要だと僕は思う。

アメリカは大学に入るのにGPAというスコアが必要だ。これは簡単に言うと、高校の成績をスコア化したもので、アメリカの大学に入学するためには、成績証明書の提出が求められるんだけど、GPAは合否判定の要素のひとつとなる大切な数字なんだ。

アメリカのトップ大学に入学するGPAのスコアは大体3・7ポイント以上を取っていればいいといわれていて、僕はその3・7ポイントを取っていました。がんばればフルスコアの4ポイントを取れた自信はあるよ。でも、100%の努力をしないでも、80%の努力で同じ結果を得られるのであれば、それでいいと思っていた。

8割でこなせる仕事を10割にする努力の時間をほかのことに使った方が、もっと自分のスキルをつけられるよ。そこそこで納得して、次の課題を実践するのも、成功する方法のひとつだ。

でもね、こうやって話すと本気で手を抜く人がいるんだけど、前にも書いたけど**稼ぎたいなら「努力は必要」だからね！**　僕も3・7ポイントを手にするためにすごい頑張った。努力をしないでみんなと同じことしかしない人は、いつでも代えのきく、安価で雇われる人として扱われてしまうんだ。

実践力を養う方法　できなくても「できる」と口にする

「日本語ができます」と豪語した割に、実生活で苦労をした僕だから言えるんだけど、**「できなくても、できるようになる自信があるなら、できるといっていい」**と正直思っている。なぜかというと、実践はそれほど経験をしていなくても、**ある程度ベースがあるなら、思い切って環境に飛び込んだほうができるようになるんだ。つまり実践力がつくんだよ。**

僕の奥さんの話なんだけれど、アメリカにいる時にケーキ屋さんでアルバイトをしていたんだ。ある日、ケーキ屋さんのお客さんで、企業の展示会があるということで英語と日本語で説明ができる人を探していて、奥さんに声がかかったんだ。彼女は展示会の仕事を無事に終えて、またケーキ屋さんでアルバイトをしようと思っていたら、その展示会に来ていた日本の大手製薬会社の人から「役員秘書をしてくれないか」と突然声がかかったんだよ。これはまさに彼女の実践力が買われたと思うんだよね。

そしてその後、履歴書を出すことになったのだけれど、僕が添削をして提出した。そして、無事就職できたんだ。履歴書の作成で僕が一番注意したのは、**自分の経験をより具体的に書くことで、自分の能力をアピールすることだった。**

彼女は履歴書に「国際インターンシップの人たちをサポートする仕事をしていた」と記していたのだけど、僕はそれを「約20ヶ国のインターン生の来日から生活までを担当」と書いたんだよね。チームの一員ではなく、自分が責任を持って仕事を遂行していたということを、言葉を変えて書いたんだ。

履歴書に書く場合、正式なチームリーダーではなかったとしても、リーダーシップをとって仕事をしていた部分があるなら「○○の分野でリードしていました」と書けばいいと思う。少し大きく自己アピールしない限り、あなたは誰かと同じ存在になってしまうし、取り代えのきく人間と認識されてしまう。実践力も後からついてくる。

実践力を養う方法　相手の反応を見る

もうひとつ、**実社会に即した実践力をつけるには、相手の反応を見るのも大切。**例えばあなたがアプリを開発したとしよう。不具合もなく、自分の計画通りにプログラムできたものでも、実際にほかの人がそのアプリを使用してみて初めて、そのアプリの使い勝手の悪さや、想像もしなかったバグが現れることもある。**相手の反応から自分になにが足りないかを発見することができるんだ。**開発で足りなかったことや、自分の考えが及ばなかったことがわかれば、その部分をもっと成長・改善させることができる。

あと、よくある話だけど、**学生ならアルバイトをするのもいいよ。**例えば営業職を目指している人なら、アルバイトを通じて人とやり取りをしたり、交渉することがあるだろうからね。僕は高校・大学時代にたくさんのアルバイトをしたけれど、その中でもなるべくＩＴ業界に近いことをと考えて、高校の学区のコンピューターネットワークの管理をしたり、大学の研究施設のサイトを管理していた。

実践力を養う方法　副業をする

実践力をつけるために一番効果的なのは副業をすることだよ。副業の素晴らしさは、最初のうちはスキルがなくても稼ぎながらスキルを育てて、徐々に世の中のニーズに合わせるように実践できるところ。

みんなも知っているだろうけれど、僕はＩＴ企業に勤めながら、芸人として活動を始めた。そもそもは日本語の勉強のためにお笑い番組を見ていて、「面白そうだし、やってみようか」っていうくらいの気持ちで養成所に通って、テレビに出るようになったんだ。そして今は、その両方で稼げるようになった。

「気になるな」「自分でもできるかな」と思えるようなことがあるならスモールスタートでいいからやってみるべきだ。特に副業であれば、ベースで他に稼いでいる仕事があるのだから生活を大きく損なうことはない。挑戦してみるのはひとつのチョイスだよね。僕はリスク管理はとても大切だと思っている。自分の基礎となる仕事があれば、副業に挑戦しやすくなるし、もし失敗をしても、次また挑戦ができる。自分のベースとなるものがあれば無敵なんだから、副業をやってみるのもいいだろう。

でも、副業でいきなり稼げるようになるなんて、一部のラッキーな人だけ。もし副業をしてもまったく稼げなかった場合、「稼げる仕事を判断する三角形」を思い出してほしい。自分がしていることが「自分ができるかどうか」「世の中のニーズに合っているかいないか」「好きなだけの独りよがりなことなのかどうか」をチェックしてみるといいだろう。

例えばブログで収入を得ることを副業としているけれど、なかなかお金にならないとしよう。「稼げる仕事を判断する三角形」と照らし合わせてみて、自分のブログの内容が「世の中のニーズに合っていない」と分析できたら、ブログのテーマを変更すればいいし、もし「より専門的なことを書いたほうが1記事あたりの収入が増える」と分析できたなら、それを重要視して効率的に稼ぐようにシフトチェンジすればいい。これこそ自分のスキルを稼ぐ力に変える実践力を磨いているということ。**最初は少額でもいい。稼ぎながら実践力を学んでいると考えれば、なにもしないより絶対いいんだ。**

副業の話をすると「今は忙しい」とか「なにかを捨てないと新しく挑戦できない」とかいう声も聞くんだ。あのね、こういう人は、結局やりたくないから言い訳をしているだけだと思う。**スモールスタートすら切れない人は残念だけれど稼ぐことはできないと思うよ。**

少しずつでも挑戦することで実践力も結果もついてくる

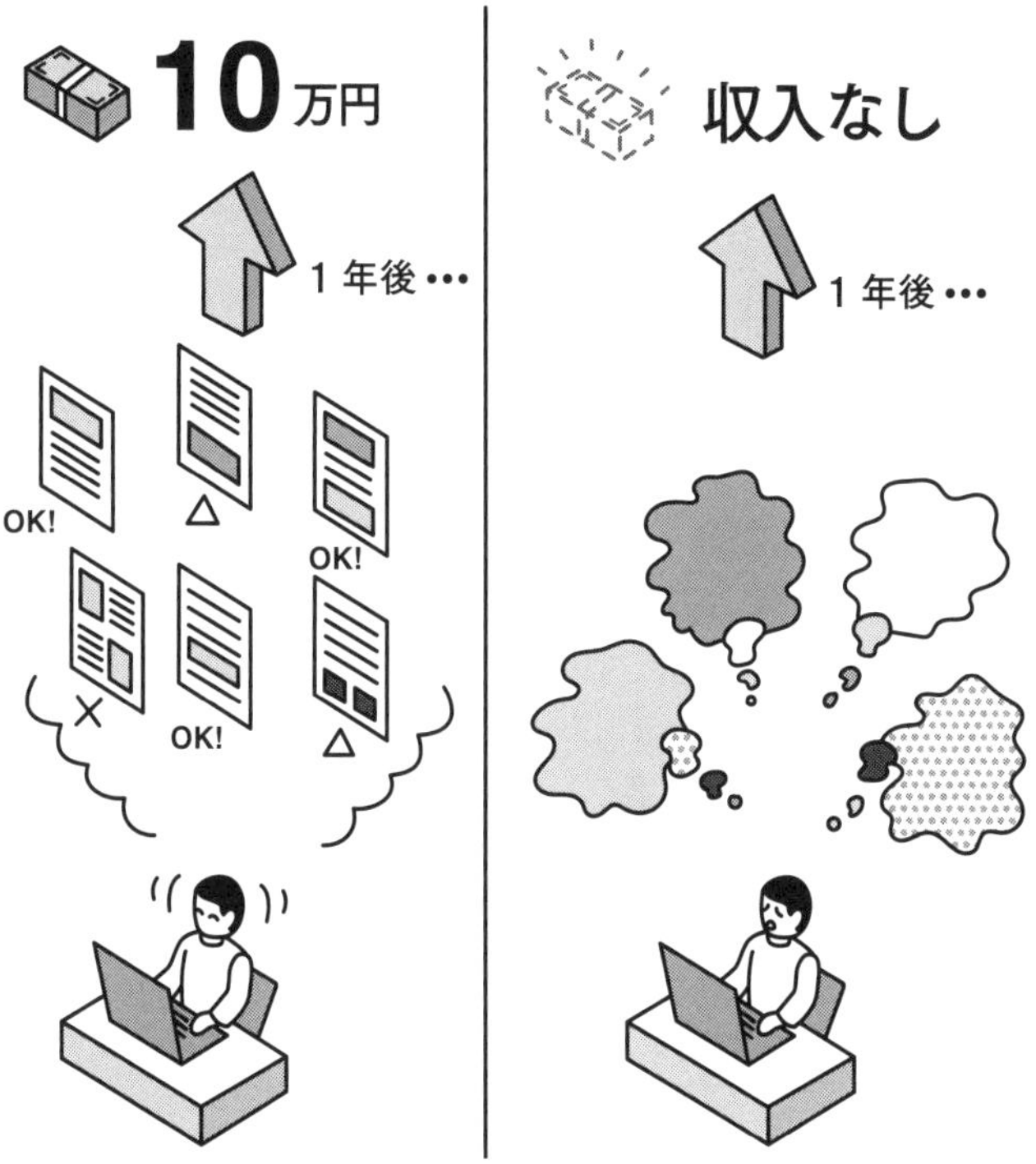
10万円
1年後…
OK!
△
OK!
×
OK!
△
収入なし
1年後…

ブログで収入を得る場合、最初から多くの人にヒットする記事を書くなんて無理だし、ヒットするための法則が思いつかないからと思い悩んで何も行動しない人は、結局1年後も収入は0円だ。でも、とりあえず書いて、少ない閲覧者の反応をもとに軌道修正をしながら続ければ、1年後は収入を得ることも可能だろうし、実践力がついて、さらに世の中のニーズも知ることができる。

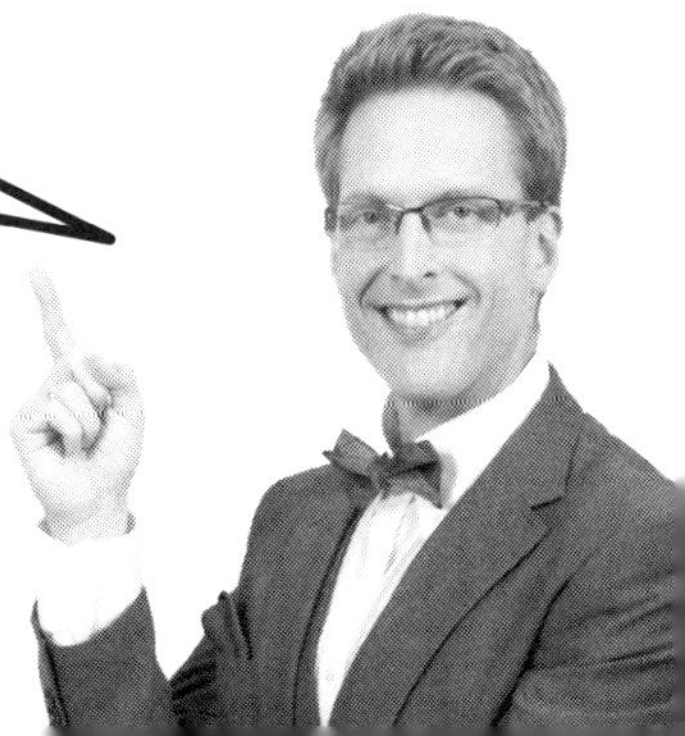

お金を稼ぐ方法 3

ステップアップするためのサイクル

世の中で必要とされていることを見つける

「今、はやっている」はスキルをつけた頃には遅れているかも

稼ぐ力をつけるためのベースとなる「思考力」と「実践力」が自分の中で基本として身についたら、次に行ってほしいのが「ステップアップをするためのサイクル」だ。これは、今自分がいるポジションより上を目指すため、繰り返し行ってほしいことで、3つの項目がある。

まず最初に行うのは「世の中で必要とされていることを見つける」ということ。

自分にどれだけ優れたスキルがあっても、それが世の中で必要とされるものでなければ仕事としては成立しない。僕が大学生の頃はニュースを見るたびにインターネットの会社がすごい！という情報が毎日のように流れていたし、実際僕自身もインターネットによって日々生活が変わるのを実感していたから「世の中はこれで変わる！　お金持ちになるならこの業界だ」っていうのがわ

かっていた。

とはいえ、IT業界のように、世界を変えるほどの業界に入り込まなければ決して稼げないというわけではないと思う。世の中で必要とされていることはたくさんあるんだ。例えば差し迫った話でいえば、介護や医療関連は高齢化社会を迎える日本では必要だよね。それに去年とか一昨年なら暗号資産なんかも世間を賑わせていて、人々からのニーズの高い業界だった。

でも、介護などはさておき、暗号資産は今どうだろう。今は暗号資産の信頼度が下がってしまったから需要も減って、価格も下落傾向が見られるよね。話題になっている時に勉強を始めても、そのスキルを身につけた時には、すでに尻すぼみになっているなんてことはよくある話だ。でも、そうはいっても**世間で必要とされていることを見つける嗅覚を磨くには、日頃からニュースを見ることが助けになると僕は思う。**

ちなみにスマホでニュースを見ている人が多いだろうけれど、それらのニュースはAIによってあなたが興味あるであろうジャンルのニュースを中心に編集をして届けられていることを忘れないように。

世の中で必要とされていることの見つけ方

隙間時間にポッドキャストを聴く

これは『ジェイソン流お金の増やし方』でも伝えたけれど、**ポッドキャストを活用するのはおすすめだよ。僕は移動時間や、ウォーキングをしている時には基本聞いている。僕が最近欠かさず聞いているのは「Marketplace」。**経済の学位も金融のバックグラウンドがなくても、ビジネスと経済のニュースをわかりやすく毎日伝えてくれるよ。ちなみにこれは英語のポッドキャストなので、経済ニュースを仕入れながら英語のヒアリングも鍛えたい人には優良なコンテンツかもしれないね。

僕は日本語のポッドキャストは聞いていないので、これと言っておすすめは正直ありません。でも、ポッドキャストのニュースカテゴリから探してみてはどうだろう。日経新聞やラジオNIKKEIが運営するポッドキャストは、今知っておくべき世界のトレンドからマネー系のニュースはもちろん、ビジネス用語の解説、企業経営についてなどを伝えてくれているものがあるので、フォローしてみてもいいかもしれない。

世の中で必要とされていることの見つけ方

Yahoo! ニュースの経済タブをチェック

ネットのニュースはさまざまあるけれど、世の中で注目されている企業を探すのに適しているのは、企業の株価の変動や最新のニュースを伝えている**Yahoo! ニュースの「経済」の部分**だ。日本のYahoo! ニュースのトップページにある「経済」のタブをクリックして下にスクロールすると、さらに「新着」「経済総合」などのタブが出てくるんだけど、そこの**「株式」という部分をクリックすると、株価の変動や、企業の最新ニュースなどを見ることができる。**

ここである企業が黒字化したというニュースが出ていたら、「黒字化した要因はなんだろう」と考えることで、その業界のトレンドが見えてくるかもしれない。また、急に株価が上がった企業などをチェックしてみるのもいいだろう。

例えばその会社がプラスチック加工の会社だとしよう。急に株価が上がったということは、プラスチック加工の技術がなにかに活用されて、注目されているからこそ株価が上がったと読み取れるよね。そこで、「なぜ、今プラスチック加工が必要なのか？」と深掘りしていくことで、今まで知らなかった世間のニーズが見えてくることがある。

まぁここまで考えなくても、まずはYahoo!ニュースの経済ページを毎日見る癖をつけるのはどうだろう。似たようなニュースサイトなら、「ブルームバーグ・ジャパン」とかは金融や経済に特化したニュースが集まっているし、「NewsPicks」も経済ニュースを中心にわかりやすく編集されているよ。

ただ、日本のニュースサイトだと、やはりニュースは日本の経済が中心となってくる。もしあなたが英語が堪能なのであれば、アメリカのYahoo! Financeのページをチェックするのがおすすめだ。

お金を稼ぐ方法 4

ステップアップするためのサイクル

自分にしか できないことを把握する

努力しないで稼げるわけがないだろう？

突然だけれど、こんな言葉をみなさんは知っているかな？

"You are the average of the five people you spend the most time with."

日本語では「もっとも一緒に過ごす時間が長い5人の友達の平均的な人物像があなたです」という意味。これはアメリカの起業家であり作家、そしてセールスマンとして働きながら、31歳で億万長者となったジム・ローン氏の言葉だ。

僕たちは趣味や思考、年収、性格とか、あらゆる面で周りの人の影響を大きく受けているということを教えてくれる。要するに、**自分が「こうなりたい」と思う人と一緒にいれば、そういう人になるし、なまけている人といれば、自分も自然とそうなる**ということをいっているんだ。

勉強をしなくてはいけないのについスマホを見てしまう、なんていう流されやすい人なんかは、頑張っている人が集まるグループに入ることで自分を変えるスイッチが入っていいかもしれないね。**でも僕は誰かを目標にする必要はないと思っている。だって、その人を目指したら、その人を超えることはないんだよ。**なんで目標を低くするんだろう。僕は誰かの後を追うのではなく、常に一番になれるように努力をして、自分にしかできないこと、つまり「**この案件はジェイソンにお願いしよう」と思われるような得意なこと、独自性、専門性を身につけてきた。**

ここまで読むと、「やっぱり必死に努力しなくちゃいけないのかよ」って思う人がいるかもしれないね。中には「もっと楽に稼げる方法があると思ってこの本を読み始めたのに……」と騙されたと感じる人もいるかもね。でもね、**努力しなくちゃ稼げないんだよ！**　当たり前だよね、**人より稼ぐためには人より努力をしなくちゃいけない、みんなと同じことしかしていない人は「いつでも替えのきく人」にしかなれないんだよ。**

つまり、**経済学的に需要が高いけど、供給があまりないものは自然と高値が**

つくということなんだ。替えがきかない人は〝需要が高いけど、供給があまりない〟というポジションにいるから自分の価値が無限大に拡大する。一方、「供給が無限大にあるもの」＝「誰でもできるスキル」＝「替えのきく人」だと、自分は価値がゼロに近いところまで暴落するんだ。

自分の存在を最大化する方法

僕が「IT」×「日本語」という能力を掛け合わせて、自分にしかできないことを追求してきたように、専門性と独自性を高めれば高めるほど代えのきかない人材になり、より高収入を望めるというのは前述した通り。

「人とは違う能力のある自分」を最大化するには2つ方法があって、まずは1つの事柄をとにかく深化させること。誰にも負けないほど努力をして1を10,000にするみたいなことだね。

そしてもうひとつは、僕がやったようにいくつかの能力を掛け合わせて、たとえば100の能力と100の能力の2つをもって10，000と同じ能力にするという、**複数の能力を掛け合わせて母数を大きくする方法。**

ただ、この方法を取る場合気をつけてほしいことがある。それは、**それほどスキルが高くないものを複数掛け合わせて母数を大きくすること。**10の能力を4つ掛け合わせれば、計算上は10，000の能力と持つのと同じになる。でも、その4つのスキルをすべて使う仕事にめぐり合える可能性は低いと思うんだ。そうなると結局、2つのスキルしか使わない仕事だとしたら、あなたの能力は100しか認めてもらえなくなってしまう。

だからこそ、**自分が持つ特別なスキルは2つか3つくらいにしておいて、それぞれを人よりできるように深化させた方がより稼ぐ近道になるんだ。**

英語が話せたら優位？

僕が日本語を勉強したように、第一外国語が話せるようになると、それもプラスの能力になるから、英語を身につけようと考える人も多いだろう。確かに、英語が話せれば仕事の枠は広がると思うよ。

でも、僕が日本語を勉強した理由を説明した時に書いたように、正直言って英語が話せない人口が多いのは日本くらいで、ほかのアジアでもヨーロッパでも、英語はそれなりに話せる人が多いんだ。だから**グローバルな視点で見ると、英語を身につけることはプラスになるというよりは、スタート地点にやっと立ったという程度のことなんだ。**

あと、英語が話せるからということで、アメリカで仕事をしようと試みる人もいるだろうけれど、アメリカこそものすごい厳しい競争社会だよ。日本人はなぜかアメリカを目指したがるよね。もちろんアメリカンドリームというくら

スキルの掛け合わせは少ない方がベター

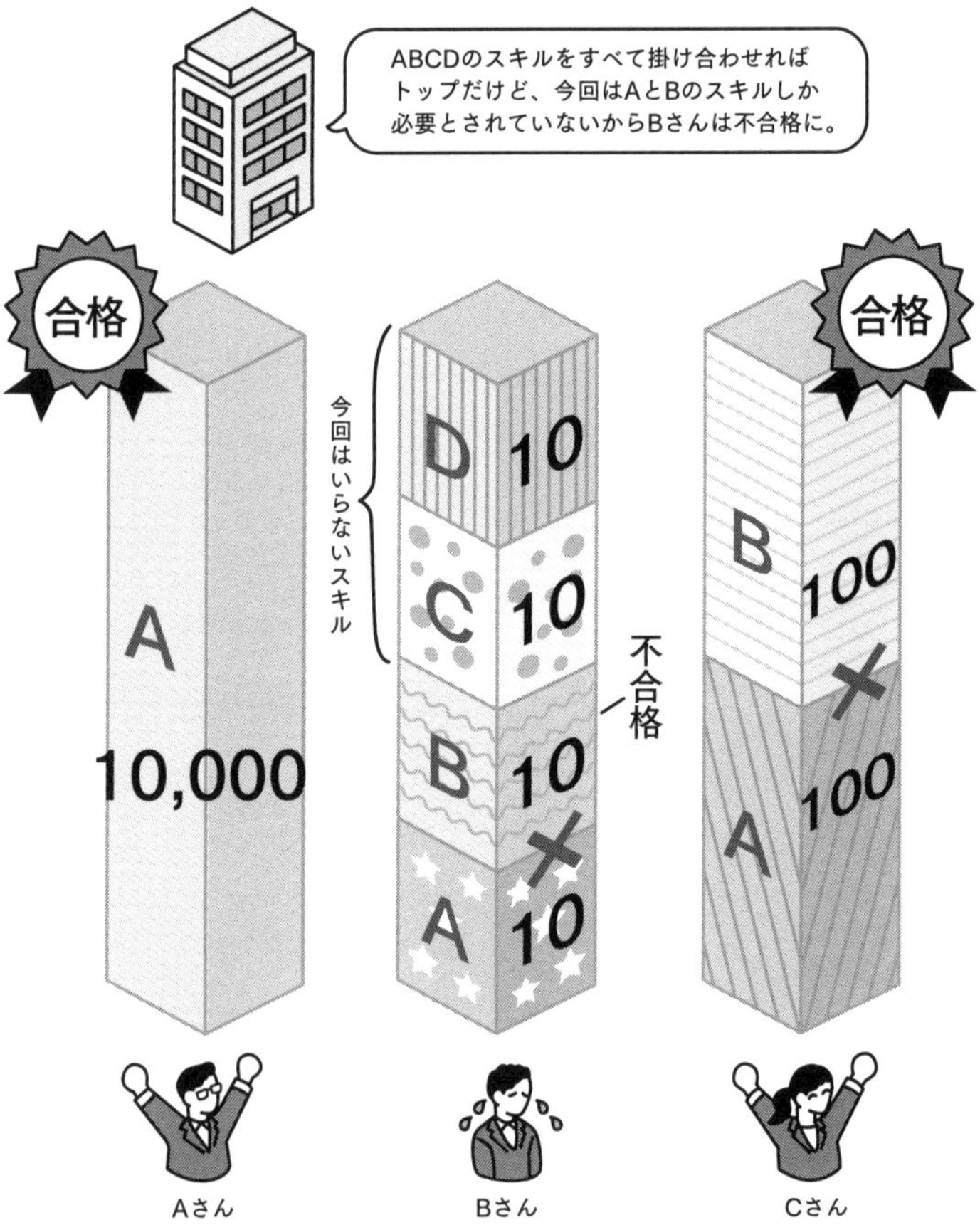

いだから、成功をすれば日本とは比較にならない報酬を手にすることができる。
でも、英語を話せるからといってそれがアメリカでプラスになるわけではないっていうのはわかるよね？「英語が話せる」＝「アメリカの高卒」と同じだよ。**アメリカで勝負をしたいと思うなら、飛び抜けた能力が必要だということを忘れないでいてほしい。**

とはいえ英語が話せるなら、確かに仕事を日本国内に限らず、海外で挑戦するのもいいだろう。ただもうひとつ頭の片隅に置いておいてほしいのは、**グローバルに働くということは、ライバルがもっと増えるということ。**

海外をベースに戦うとなると、1／10，000にならないと勝てないかもしれない。でも、日本をベースに戦うなら、そもそも人口が少ないから母数はぐっと減って1／1，000になるかもしれないよね。もちろんものすごく優秀な人なら日本を出て海外で働いた方が絶対に稼げるだろう。でも、**少ない母数の中で戦う方が1番になれる確率も、稼げるようになるスピードも可能性も高まるはずだ。**これはまさに、僕が自分だけにしかできない能力を持って、日本で仕事をしようとした理由のひとつなんだ。

自分にしかできないことを把握する方法

三匹の子ブタの三男になれ!

そうはいっても「自分にしかない力をどうやって探せばいいかわからない」とか「そもそもなにをしたらいいかわからない」という人もいるかもしれないよね。そんな人には**「失敗してもいいから、とにかくやってみなよ」**っていうアドバイスを送るよ。

僕はやりたいことをやるのが当たり前だし、人の意見よりも自分の意見が大切だと思っている。だから「ちょっとやってみたいな」と思ったらとりあえずやる。「これ、おもしろそう!」と思ったものもすぐやるんだ。人の目なんて一切気にしない。**みんな「なにかをやる=人生を懸けてやる」って重く捉えすぎてるんじゃないかな。**

童話の『三匹の子ブタ』っていう話あるよね。母ブタは、三匹の子ブタたちを外の世界に送りだし、子ブタたちはそれぞれ家を建てたんだ。三男と次男は時間と手間をかけず建てた、「わらの家」と「木の家」。そして長男は時間と手間はかかったけど、頑丈な「レンガの家」。ある日、子ブタたちを食べようとしてオオカミがやってきた。「わらの家」と「木の家」はすぐにオオカミに吹き飛ばされてしまった。でも、「レンガの家」は頑丈で、オオカミは吹き飛ばすことができず、レンガの家に逃げ込んだ三匹の子ブタたちは助かりました。めでたし、めでたし、という話。**物語の教訓としては、どれだけ時間と手間がかかっても、コツコツ努力することが大切ということだよね。**

でも、実は「今のビジネスの世界での挑戦」という観点でこの物語をもう一度読んでみると教訓が変わってくるんだ。

オオカミに襲われた三匹の子ブタたちはレンガの家で助かったわけだけど、今の時代オオカミに襲われるほど大きなトラブルって人生で起きることは珍しい。

「レンガの家」がいいのは、オオカミが来るかもしれないという条件が最初からわかっていた場合だけなんだよね。完璧な条件がわからないのにお金も時間も費やして変な間取りでレンガの家を造ってしまったらどうする？　もう建て直すのは難しいよね。

人生はどうなるかわからないし、最初から完璧な条件はわからない。その場合、実は逆に今の時代は「わらの家」を造った三男の方が賢いと思うんだ。安価で時間をかけずに最低限の家を造る。しばらく住んでみて気に入らなければ、いいところを残して悪いところを削った新しい家に、余ったお金と時間でもう一度建て直せばいいんだ。そう考えると童話の中では一番ダメな三男が、ビジネスの世界では一番賢いってことになるんだよ。

この三男のやり方は、実はMetaのザッカーバーグ氏がFacebookを立ち上げる時にとった手法と同じなんだ。

ザッカーバーグは大学時代にかわいい女の子たちの写真を並べて、「この子かわいい、かわいくない」みたいに投票をする美人投票サイトを立ち上げたん

三匹の子ブタの今と昔

昔
わらの家
すぐ壊れる
木の家
壊れやすい
レンガの家
壊れにくい

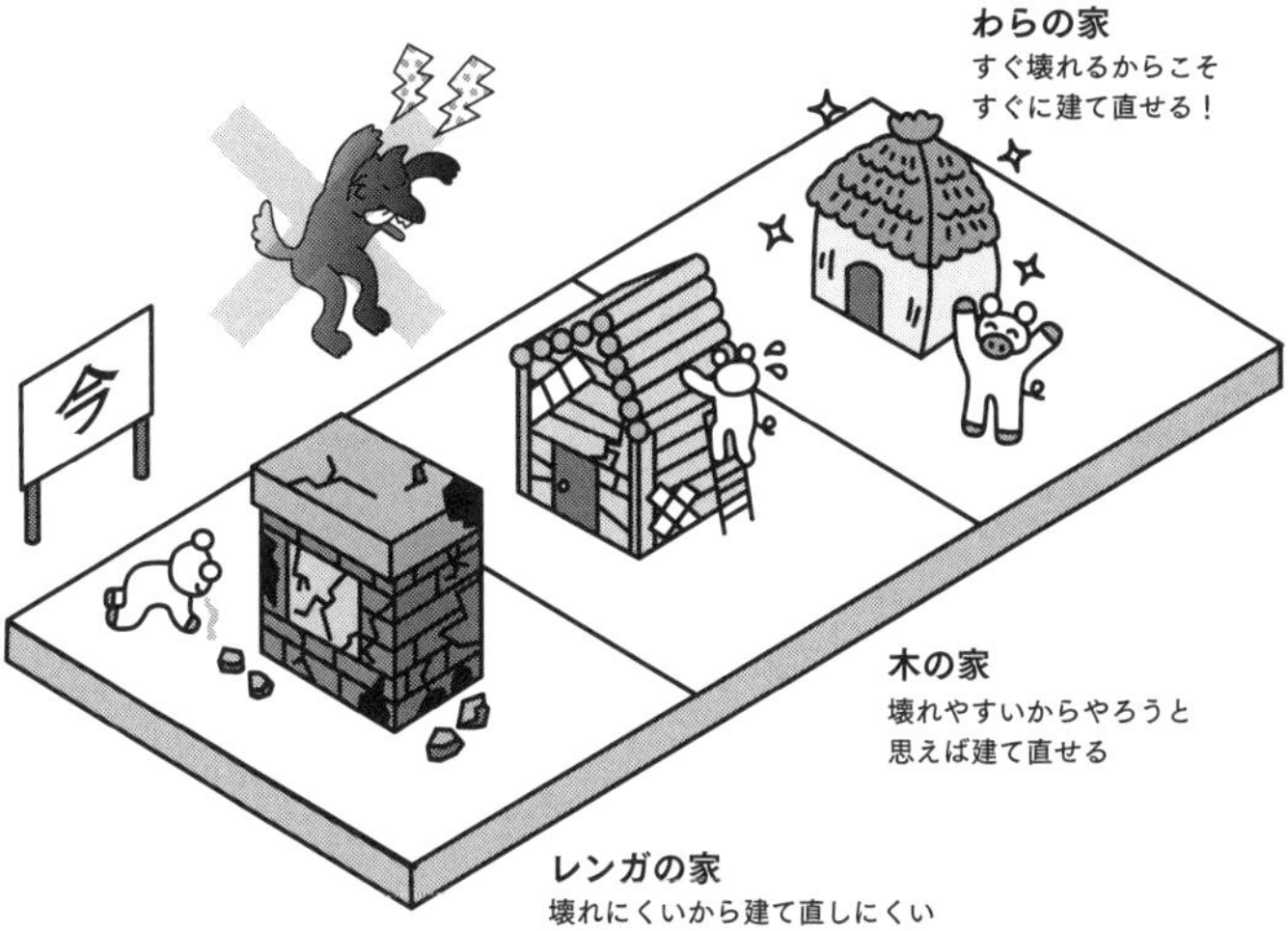
今
わらの家
すぐ壊れるからこそ
すぐに建て直せる！
木の家
壊れやすいからやろうと
思えば建て直せる
レンガの家
壊れにくいから建て直しにくい

だ。そして、これを友人に見せたら「女の子の情報が知りたい!」という声が上がったからそこに情報を加えた。さらにもう一度友人たちに見せたら、「彼女たちに彼氏がいるか知りたい」という声も上がって、ステータスを書き込む機能も入れたの。こういうトライ&エラーを繰り返して、気がつけば女性の顔を評価するという学生ノリのサイトが、今や世界的な企業にまでなったんだよ。

いきなり多くの時間とコストをかけてゴールに向かっていくのはとてももったいない。失敗したら取り返しがつかないもん。でも、「なにが必要かを確かめながら動かしていく」と成功しやすくなるんだ。

これはMVP(Minimum Viable Product)という考え方で、人々の希望を満たす最小限の価値をもたらすプロダクトの提案ということ。スタートアップ企業なんかはこの考えで今はビジネスをおこなっている。最初から完璧な製品・サービスを目指すんじゃなくて、まずはユーザーの課題を解決できる最低限の状態でサービスを提供するんだ。そして、提供後にユーザーからのフィードバックなどをもとに改善をして、よりよいものをつくるようにしている。

この手法をみなさんも個人でやってみるといい。気になったらとにかくやってみる、発信してみる、作ってみる……。そうすることで、それほど**コストをかけず、世間の反応（＝世の中が必要としていること）がわかり、さらにその反応をもとにすぐ改善していくから成長スピードも上がっていくんだ。**

自分にしかできないことを把握する方法

諦めなければ失敗じゃない

とにかく挑戦をしてみよう、気軽にスタートしてみようと話したけれど、こういうことを伝えると「失敗するのが怖い」って言う人が絶対いるんだよ。

あのね、なにをもって失敗だと思うの？　自分が想定した結果を得られなかったから？　期日までにゴールにたどりつけないから？　僕からするとそれは失敗じゃない。**自分にしかできないことを把握するために、一歩ずつ進んでいる成功への過程だよ。失敗したと思うのは自分で勝手に期限を決めているからじゃないのかな。**

僕が日本語の勉強を1年間必死で大学でして、インターンで日本に来た時に日本語が使いものにならなかったという話をしたけれど、これは失敗かな？　そんなことはないと僕は思う。**成功は「結果」ではなく「行動」をみることが大事なんだよ。**日本語で不自由なくビジネスができるようになるために、毎日漢字の書き取りをすることを決めていたんだけれど、重要なのは「今日それができたかどうか」ということなんだ。つまり、**将来の結果よりも今の行動を重視することでスキルはついてくるんだ。**当時の僕は毎日漢字を書き取りするという行動をコツコツ積み重ねていたからこそ、今、日本でビジネスでも芸能でも、もちろん日常生活でも日本語に困ることはない。

失敗は、結果が得られる前にギブアップしてしまうこと。途中でやめてしまうこと。それ以外はまだ成功していないだけ。成功に向かって歩んでいるだけなんだよ。だから諦めるなよ。やり続ければいつか目標にしていた自分だけのスキルが身につくんだから。

失敗する人と成功する人の違い

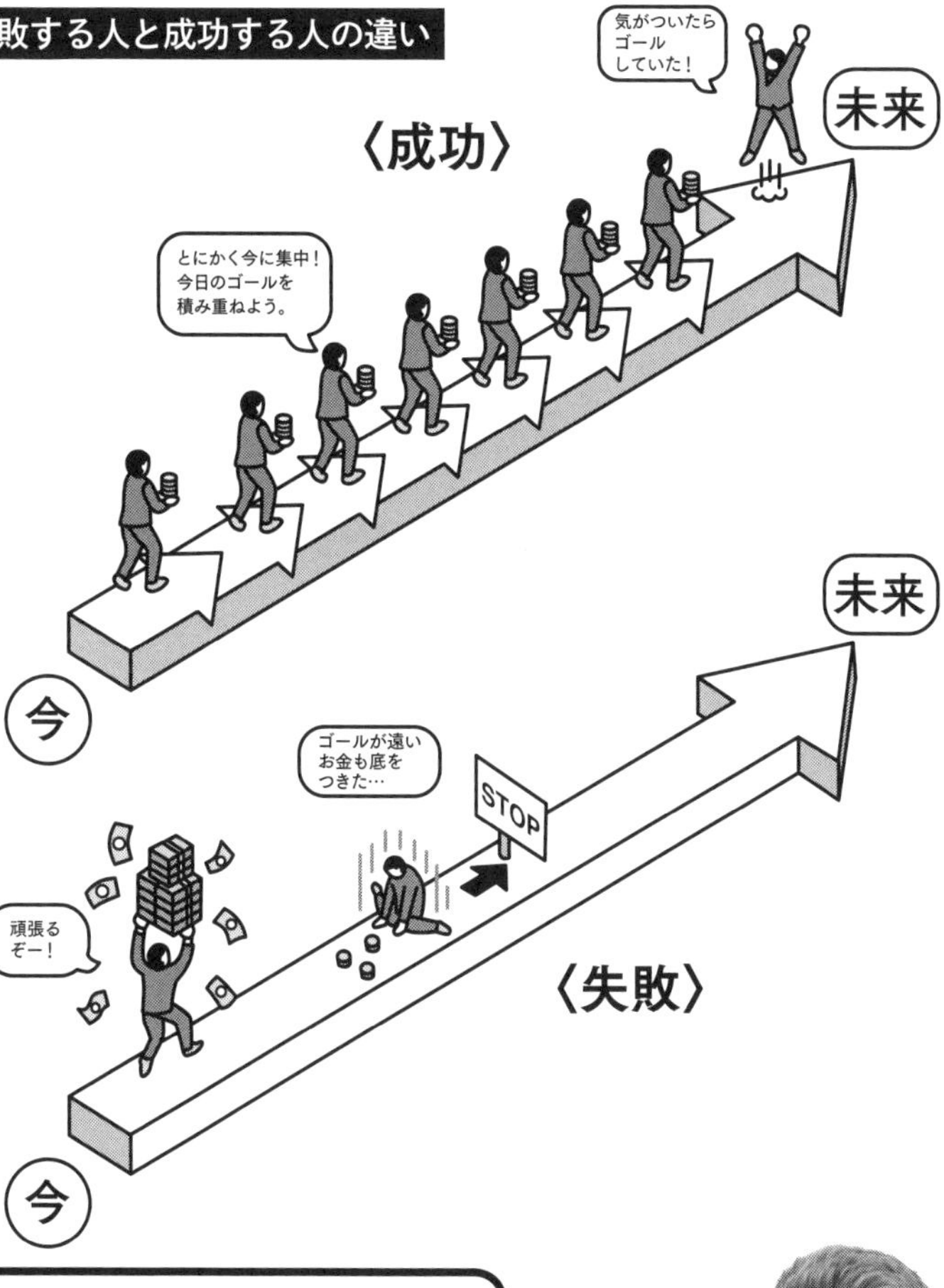
〈成功〉
気がついたら
ゴール
していた！
未来
とにかく今に集中！
今日のゴールを
積み重ねよう。
今
未来
ゴールが遠い
お金も底を
つきた…
STOP
頑張る
ぞー！
〈失敗〉
今

目標達成に時間を制限するのも失敗のもと。「3ヶ月後までにやせる！」といって、やせていなかったらガッカリしてダイエットをやめちゃう人っているよね。これは「期限を決めたから失敗」したんだ。目標達成に時間はかかげない。必要なのは、「今日の目標をクリアすることの積み重ね」なんだ。小さな成功を重ねていけば、きっと目標までたどり着ける。

お金を稼ぐ方法 5

ステップアップするためのサイクル

自分の価値を売り込むために交渉する

給与交渉は当然の権利

稼げるようになるため、**「①論理的思考力」**をつけ、**「②実践力」**を養ったところで、次はそれを**「③世の中で必要とされていること」**に当て込み、**「④独自性のあるスキルを把握する」**ことができた。

これらを行ったことで、あなたの市場価値は以前と比べて上がったはずだ。そして**この次に稼ぐために行わなくてはいけないのが、「交渉」になる。**きっと多くのみなさんが苦手意識を持っている部分だよね。でも、みんなとても大事なことを忘れていると思うんだけど、**給与交渉をするのは、労働者の当然の権利だよ。**自分の市場価値が上がったのに、会社が提示してきた業務内容と給与額が、今の自分の価値に見合わないと思うなら、正直に「御社で働きたいけれど、この金額だと他の会社に行かざるを得ない」と伝えればいい。

稼ぎたいという思いがあるのであれば、自分のキャリアは自分でコントロー

ルしないといけないよ。日本はどうも自分のキャリアは会社が決めるものだと思っている節があるんだけど、**キャリアも含めてあなたの人生なんだ。自分が仕事でスキルアップをして稼げるポジションになるために会社を選ばなくちゃ。**

自分のデータを日々確認する

でも給与交渉をする際に、「僕はこれができます」とスキルを伝えるだけではまったく意味がない。必要なのは**「自分のやったことがわかっているか」「自分にどんな価値があるか」**を人に説明できることだ。

そのためには**資格や経験、実績など、今の自分のスキルを証明するエビデンスを数字とともに作っておくことが必要。**

僕はインターンをしていた時も、自分が1年間携わったことで音声認識率が92%だったのを94%に上げることに成功したのだけれど、そういうデータを学生の時から集めていました。もちろん今も自分のデータは常に把握しているよ。

具体的にいうとSalesforceというプラットフォームをチェックして、自分が受注した商談がいくら貢献したかとか細かくみている。僕が獲得したリードで受注につながり、いくら売り上げが上がったかなど、数字としてデータを出せるようにしています。

この**自分のデータがあるからこそ、交渉で自分の価値を伝えられるし、それを相手にも認めてもらえて、待遇が良くなるんだ。**

給与は当然、自分の価値にみあった額になるから、今以上の金額を希望するなら、その分自分の価値を上げて数字（データ）を出せばいいんだけど、あくまで市場価値で決まるもの。自分がどれだけ数字を上げていても、市場の中で見た時にあなたの価値がそれほど高くない場合だってある。その場合は残念ながら断られてしまうけれど、まぁ断られたら、それは会社にとってその価値がなかったことになる。サイクルに戻って自分の価値を会社も必要としている形で上げてみるか、今持っている価値を必要としている別の会社に持って交渉してみればいいかも。

◯謙遜していたら採用はされない

「言うだけタダ」なのに、どうして多くの人はお金のことを口にするのをためらうんだろう。あと「それほどでもないです〜」って謙遜するよね。あのね、**謙遜すると交渉の場合は立場が弱くなるだけ。自分ができることは自信を持ってはっきりと「できます」と伝えるべきだよ。**

あと、面接の時に**「●●はできますか？」と尋ねられた時に、できることなのに、あえて「結果はどうなるかわかりませんが、頑張ります」って謙遜しながら言う人もいるんだけど、これもなに？「できます」だけでいいんだよ。**

あなたが企業側の人間だった場合、どちらの返事をした人を採用する？　はっきりと「できます」と答えた人をとるのは明らかだよね。

僕が想像するに、意識せずにこの謙遜を口にしてしまう人は自信がないいんじゃないかな。**自信を持てない人は成功体験を増やすことが大事だと思う。**

将来のために子どもにも成功体験の積み重ねを

大人になると「成功を体験するのも難しい」と思うかもしれないけれど、これこそ僕が「漢字の書き取り練習をする」と決めて毎日やったことのような小さなことでいいんだよ。でもね、僕はこの漢字の書き取りを15年毎日続けたんだ。毎日やることは漢字を10個書きとるという些細なことだけど、これをずっと続けられればスキルがつくのはもちろんだけれど、なによりも続けられたという自信がつくよね。**「今日も決めたことを1個クリアできた」という成功が積み重なれば、僕にはできる！という自信に繋がるんだ。**

この成功体験は大人だけではなくて子どもにも大切なこと。僕は子どもの教育、特に勉強に力を入れているように見えるかもしれないけれど、勉強よりも成功体験を積ませることを重要視している。娘たちには、将来大学に必ず行ってほしいとも思っていない。自分が好きなことをみつけて、それを追求してほしいと願っている。自分に自信が持てれば、どんな困難にも立ち向かっていけると思うから。

次女と三女はピアノを習っているのだけれど、毎日練習をすることを伝えている。ほかに楽しいこともあるし、つい練習するのを忘れてしまうこともあるんだけど、僕は必ずチェックをして「やりましたか？　やっていないなら今やってください」という。そういうサポートをすることで、あなたはやり続ける力を持っているんだよと感じてもらうようにしている。

交渉力をつける方法　失うもののリスクを提示する

自分のデータを持って、これだけ自分が貢献したと示すことができて、企業も納得してくれたとしよう。それでも提示された金額が納得いくものでなかった場合、もちろん仕事を引き受けないというチョイスもある。でも、仕事内容

転職先にも今いる会社にも交渉をする

よりよい条件を引き出して、
さらに稼げるように交渉する

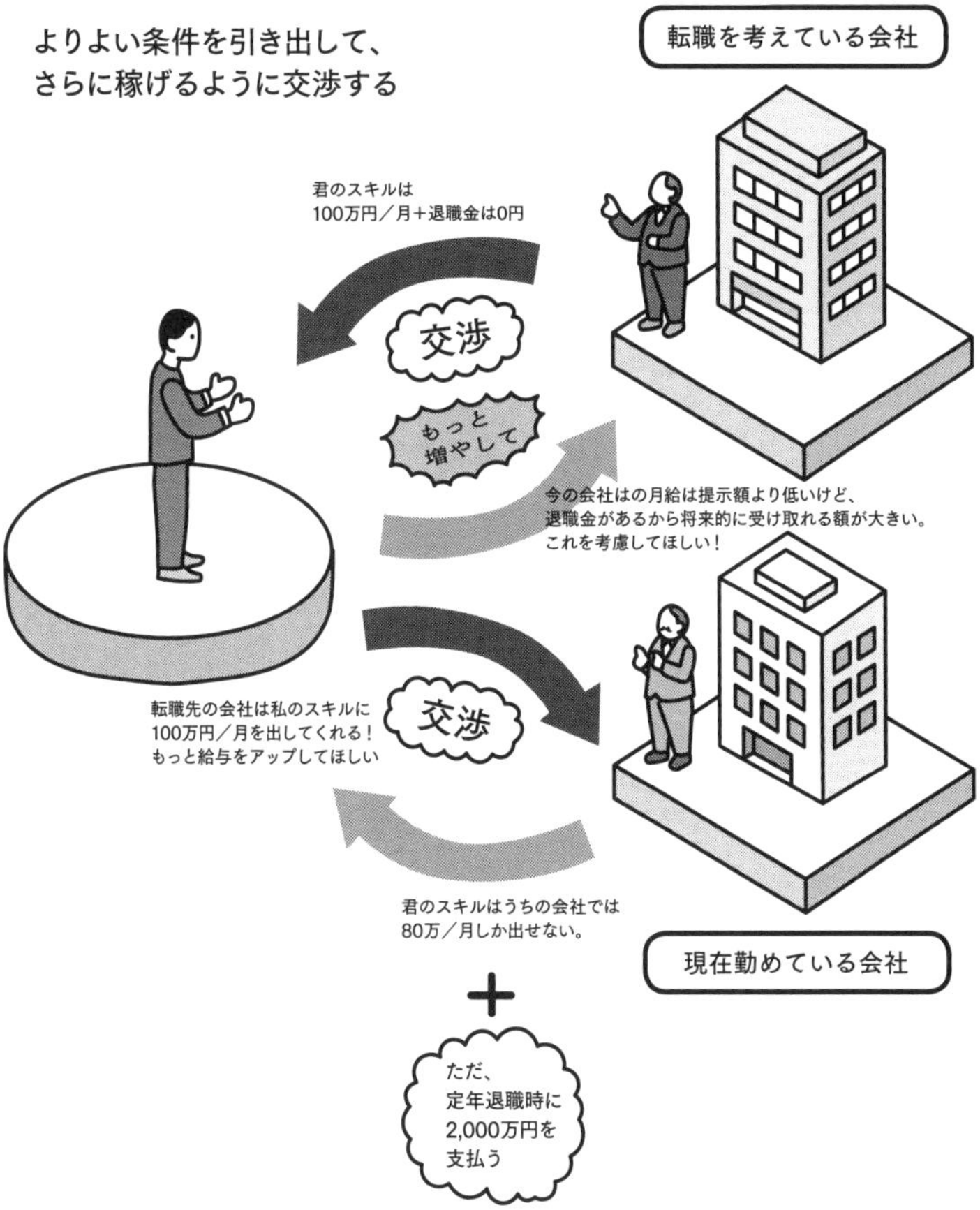
転職を考えている会社
君のスキルは
100万円／月＋退職金は0円
交渉
もっと増やして
今の会社はの月給は提示額より低いけど、
退職金があるから将来的に受け取れる額が大きい。
これを考慮してほしい！
転職先の会社は私のスキルに
100万円／月を出してくれる！
もっと給与をアップしてほしい
交渉
君のスキルはうちの会社では
80万／月しか出せない。
現在勤めている会社
ただ、
定年退職時に
2,000万円を
支払う

的に興味があるもので、**断るには惜しいと感じるなら、「その仕事を受けることで自分が失うもののリスク」をデータとして提示するのも1つの手だ。**

僕がGEから次の会社に転職する際、交渉を自分に優位に進めるために取った方法は**「転職をすることで自分が将来的にいくら損失を受ける可能性があるか」を伝えること**だった。

転職先の会社はベンチャー企業で、一方のGEは安定をした大企業。もしかするとそのベンチャー企業は来年なくなるかもしれないよね。有名企業のネームバリューを捨てても僕に新しい仕事についてほしいというのであれば、その分のリスクを背負ってほしいということを伝えた。

それから、企業の価値を数字で伝えられるように準備はしたよ。例えば具体的に、GEヘルスケアでは企業の年金制度もあったのだけれど、新しい会社にはそれはない。すると将来的に年金を失うので、人生でいくら損をするかということを明確に数字で見せたんだ。

交渉力をつける方法

道にこだわらないことで自由な交渉力を増やす

実はこの話にはまだ続きがあって、僕は転職先と金額交渉をしながらも、GEにも同時に給与アップの交渉をしたんだ。「新しい企業が僕にいくらでオファーを出している。でも、GEがこれを超える金額を提示してくれるなら残りますよ」ってね。でも、結果は「そこまで出せない」ということだったので、僕はスパッと辞めて転職をした。

ここまで聞くと「ジェイソン、こだわりなさすぎじゃない?」って思うだろうね。うん、そうだよ。**僕には「将来稼ぐために成長したい」というゴールはあったけれど、そこまでの道筋にこだわりはなかった。**

こういう仕事じゃないと嫌だとか、企業の大きさとかにこだわりがあると、いい話があっても自分でストップをかけてしまう可能性がある。こだわりがないからこそ、交渉の際に強く出られるんだ。そうすることで自分にとって理想の仕事を見つけることができる。

転職① 企業の平均年収で給与を考えない

交渉が必要なのは転職のシーンで多く想定できるよね。少し転職について具体的に話そうと思う。

僕が不思議だと思うことの1つに「高収入企業ランキング」を記しているサイトがある。よくこのサイトを見て「●●の会社は給料が高い」とか話題になったり、ネットニュースに平均給与ランキングが出たりしているけれど、あれは本当に意味がないと思う。

どこの会社が平均的にいくら払っているかは、あなたのスキルでできる仕事の給与とは関係がないんだ。日本はどうしても会社に帰属するという意識が強いから、「会社からもらえるお金」という考えがあるよね。でも**どこの会社かということは重要ではなく、あなたたちが意識しなくてはいけないのは「高収

入をくれる〝仕事〟」、要するに高収入を対価とするスキルなんだ。

アメリカに「Glassdoor」というサイトがあって、そこでは仕事別でもらえる平均の給料を調べることができるんだ。すべての人が匿名で自分の仕事と自分の給与をアップしていて、それを集計して仕事別の給与を教えてくれる。

ちなみにGlassdoorで調べると、一番高収入の仕事は今はデータサイエンティストらしい。その収入はアメリカでは約15万ドル、だから1ドル１４８円で考えると、約２１００万円らしい。あなたがもしデータサイエンティストなら、この平均収入と比べて、**転職先で提示された給与がフェアなものなのか確認するのもいいだろう。もちろん、スキルや経験の違いはあるけれど、交渉の助けにはなると思う。**

ちなみにこのGlassdoorは先日リクルートが株式を取得して子会社化したらしい。もしかしたらジョブ型雇用が進み始めている日本に合わせて、正式に日本版もリリースされるかもしれないね。

転職② ヘッドハンティングは自分の価値を再確認できる

転職の方法としてはヘッドハンティングもある。この場合、あなたのスキルや経験を見て、仕事のオファーがくるわけだけれど、**自主的に仕事を探す場合でも、ヘッドハンティングのように向こうからオファーがくる場合でも、見失ってはいけないのは、自分が最終的にどうなりたいかということ。**

仕事の内容に興味もないし、将来性も感じない分野から6000万円で仕事をしないかと言われたらどうだろう。あなたがこれ以上成長しなくていいと思えるならお金を優先してもいい。それがあなたの選んだ最終の形だからね。でも、興味もないし、お金を優先することもしたくないからといって、オファーを聞かずに断る必要もないと僕は思う。

というのも、**ヘッドハンティングは自分で仕事を探すわけではないので、想**

自分の気がつかなかった価値やスキルを発見できる

A社
B社
OIL
ヘッドハンター
僕のスキルは
今の会社以外では
こんなふうに
活用できるんだ！
IT業界

ITの会社でずっと仕事をしていた人も、もしかしたら自動車に搭載されたディスプレイを使って、運転中にカーナビなどのアプリを使うための機能の開発にプログラミングスキルが役立つということで自動車業界から声をかけられたり、採掘現場作業の効率化や石油・天然ガスの回収量の向上などを調べるためにプログラミングを活用したいと石油産業から声をかけられることもあるだろう。ヘッドハンティングは自分の隠された能力に気がつくことができるいい機会だ。

像もしなかった会社や業種から声がかかるんだよね。これは項目③の「世の中で必要とされていることを見つける」に関わってくるんだけれど、**自分のスキルが、自分の思いつかなかった業界から必要とされているという発見につながる**んだ。

自分の希望のお金に満たないから、仕事内容が自分の希望と違うからといってばっさりオファーを断るより、一度声をかけられたものは「自分がまだ成長できる余地のある世界がある」と捉えて話を聞いてみるのもいいだろう。

ちなみに僕も少し前にとある企業から声をかけられたんだよね。その仕事は資格を取る必要があって、仕事は引き受けなかったけれど、その資格を取るために勉強をしてみたんだ。新しい挑戦をすることで今まで知らなかった、その業界のビジネスの仕組みを学ぶことができたのは大きな収穫だと思っている。

想像もしなかったオファーを真面目に考えてみることで、間違いなくあなた

が考える自分自身の価値観は変わるだろうし、もしかしたらスキルを増やすことにもつながるかもしれない。

無駄をなくす

日々のルーティンで、稼ぐサイクルを速くする

ここまで話してきた①「論理的思考力をつける」②「実践力を養う」という基礎が身についたら、③「世の中で必要とされていることを見つける」、④「自分にしかできないことを把握する」⑤「自分の価値を売り込むために交渉する」を順番にクリアをすることで、自分の市場価値をどんどん上げていくのが稼ぐ力をつけるベーシックな方法だ。

ちなみに③から⑤を行い、ポジションや給与のアップに成功したら、また新しい環境で③から⑤を順に行って、さらに自分を高めていく。**③から⑤の項目は常にサイクルで回していくもの**だけれど、この**サイクルをより速く回すためにサポートをしてくれるのがこれから説明する、日常的に行うルーティンだ。**

サイクルを速く回すことができれば、より早くポジションや給与もアップして、短期間で稼げるようになるんだ。

同時に2つのことを並行してやる

稼ぐサイクルを速くするのにまず必要なのは「無駄をなくすこと」だ。ご存じのとおり、僕は今もIT企業と芸人という二足のわらじで活動している。でも、このスタイルになるずっと前から、**僕はだいたい2つのことを並行してやってきている。**

GEで仕事をしながらコンピューターサイエンスの修士号を取ったし、日本語能力検定1級も取った。日本に来てからはMBAのコースでビジネスの勉強もしてきた。そしてビジネススクールを終えたら、今度はお笑いの養成所に入ったよ。

無駄に関していえば、このエピソードを思い出す。ある日、妻とデートをする予定だったんだけど、その日に限って毎日やっている漢字の書き取りをまだやっていなかったんだ。でもデートの時間が来てしまったからとりあえずレストランに向かったら、お店の手違いで1時間くらい待つことになってしまったんだよ。もうその時間があまりにもったいなくて、僕は思わず「この1時間が無駄だ。漢字の書き取りができたのに！」と言ってしまったの。これに対して妻がすごい怒ってしまって……。当たり前だよね、二人でいるのに無駄な時間っていうなんてさ（笑）。でも同時進行でタスクをこなすのが当たり前の僕にとっては、1時間あればあれもこれもできるって考えてしまうんだ。

手がけているのがひとつだけだと、例えば仕事の合間等に待ち時間ができるよね。そのときにボーッとしているのが僕は嫌なんだ。**2つのことを並行して進めていると、空いた時間にはもうひとつの仕事のタスクを進められるし、なにより一方で身につけることができなかったスキルが、もう片方をやっていると身についたりする。**無駄をなくすことで成長のスピードは間違いなく加速するんだ。

無駄をなくす方法 時間の見える化

これは実際に僕がやっているわけではないけれど、無駄な時間をなくす有効な手法だと思うのが、**時間を見える化する**こと。レコーディングダイエットといって食べたものを書き出すことで、自分がどれだけ無駄に摂取しているものが多いかを見て認識させるダイエット法があると思うけれど、それと同じで、自分がどうやって過ごしているかを30分ごとに記録するのはどうだろう。1週間くらい続けると、自分がなにに一番時間をかけているかがわかるはず。

あと、もっと簡単な方法としては、**スマホのスクリーンタイムをチェックするといいかもね。**1時間ごとになにを見ていたかわかるから、仕事をしているつもりで、実は動画を見ていたとかがわかっていいと思う。

無駄をなくす方法
ジェイソン流仕事管理術〈メールをToDoリスト化〉

必要か不必要かをすぐに判断することも無駄な行動や時間をなくすことにつながると思う。特にメールに対応していると仕事を阻害されることが多い気がしているんだけど、みなさんもそうじゃないかな？　ほかの仕事をしているのに、メールが届いたと連絡が来るとついそっちを見てしまって、仕事が中断するなんてことあるよね。

僕は基本、いつでもメールの受信ボックスは「0」にするようにしている。届いたメールで必要なものはすぐに対応して、その後アーカイブに捨てる。だから夜寝る前にメールは一切残っていない。受信ボックスを全部「0」にしてから寝るようにしているんだ。

どういうことかというと、**メールをToDoリストのように活用していて、仕事の要件が来たらすぐ戻して、対応が済んだらそのメールはアーカイブに入れている。**みんなもそうだと思うけど、基本メールでさまざまな依頼が来るよね。だから僕はメールが「自分がやらなくてはいけないタスクがリスト化されているもの」と考えているんだ。タスクが済んだらメールをその都度アーカイブする。すべてやることが終われば受信ボックスは「0」になる。

パッと見て自分がやるべきことが残っているか否か、受信ボックスを見ればすぐにわかるんだ。ちなみに僕はメールもLINEもすべて「0」にするようにしている。

期日が指定されている仕事や、日時が指定されている郵便物などはどうやって管理をしているかというと、スヌーズ機能を使って戻す日を送信日時に設定している。そうすると、設定した日になったら自動的にアーカイブから受信BOXにメールが戻されるから、期日の日に忘れずに用件を済ませることができる。そうやって、常に受信ボックスを「0」に戻すようにしている。視覚で「必要・不必要」がパッとわかると、行動に移しやすくなると思う。

無駄をなくす方法 ジェイソン流仕事管理術〈朝のタスク管理〉

これは先に話したメールの話にもつながるんだけど、**朝起きたらすぐにメールチェックをして、対応できるものはすぐに返信する。**僕はアメリカ法人の役員をしているので、アメリカから連絡が来ることが多い。だから僕が寝ている間にメールが来るんだよね。向こうを待たせない意味でも、すぐに返信するように心がけている。

朝、メールチェックすると、その日にやることが見えてきて、1日のスケジュールも自ずと決まってくる。僕は朝の7時前くらいまでにメール対応を済ませるようにしているかな。日中に芸能の仕事も入るので、それまでにIT関連の仕事はすべて終わらせるように努力する。

やり残したことがあるとなんか気持ち悪いんだよね。本来別のことをやらなくてはいけないのに、対応しなくちゃいけない案件が残っていると目の前のことに集中できないし、効率も悪くなって無駄が増えてしまうんだ。

失敗しても切り替える

悩んで立ち止まることがなにを生み出すの？

僕があれほど仕事をすることを望んでいた世界一の検索エンジン会社だけど、最終面接で落ちたからといってぐずぐず落ちこむことはなかった。だって落ち込んでいたら合格させてくれる、というわけじゃないでしょ。**失敗しても成功しても過去は戻らない。常に考えるべきなのは「さぁ、これからどうするか」なんだよ。**

そういうふうに考えられるようになったのは、**僕にこだわりがないからかもしれない。こだわりがないと切り替えやすいんだ。**

日本の子どもたちの習い事の環境を見ていると感じることが多いんだけど、習い事をやめることにすごく否定的な気がする。「長く続けることが良いこと」と捉えられているように見えるんだけど、それは決して正しいとは思わない。**子どもがやめたがっている、また、やっていたけれど好きになれなかったのな**

ら、スパッとやめて次の新しいことを始めればいいんだよ。ずっと続けたから成功するわけじゃないでしょ。ダラダラと続けることが成功への道ではないんだ。

畑に種を蒔くイメージをしてほしい。最終的に大きな実をつけるものを収穫するためには、芽が出たものを大事に育てながら、枯れ始めたものは抜くよね。いろいろと経験をしてみて、うまくいかなかったら切り替えて、新しいことに挑戦する。そうすることでいつか大きく花開くものが見つかると僕は思っている。だから僕は失敗をすぐに水に流して、次の一歩を探すんだ。

少し話はずれてしまうんだけど、僕は自分の子どもに「やったほうがいい」とか「やりなさい」と言うことはあまりない。だいたい親から一方的に「やりなさい」と言われることに子どもは反発して、得てして嫌いになってしまうことがあるからね。とりあえずやってみたらおもしろいと思ってはじめたものの、やめたがっているのを親から「続けなさい」と押しつけるのは違うよね。

子どもがやることを親も含め、本人以外が決めてあげる生活を続けていると、本人の意思とは関係なくただやらされることが当たり前になって、本当になにをしたいのか考えないまま大人になってしまう。そして「なにをしたらいいかわからない」という大人になってしまって、失敗した時も「これからどうしたらいいのか」と次を考えられないようになってしまうんだ。

失敗しても切り替える方法 とりあえずやる

僕はやりたいことがあっても、そのための方法論とか、今できない言い訳ばかり並べて、結局いつまで経っても一歩を踏み出そうとしない人にものすごいもどかしさを感じる。**本当にやりたいなら、とりあえずやってみればいいんだよ。失敗してもいいじゃん。**

実践力の部分でも説明したスモールスタートでいい。最初から大きくチャレンジする必要はないから、とりあえずやってみればいいんだ。小さな挑戦なら万が一それが失敗しても、諦めがつくし、すぐに次に行こうと思えるでしょ。

お金を稼ぐ方法 8

日々のルーティン

成長のスピードを重視する

自分の成長を止めることは自分の将来に投資をしないのと同じ

僕は「稼ぎたい」「社長になりたい」という思いが初めから強かった。だからこそ戦略的に考えて、いかに早く成長をして自分の市場価値を高めるかということに重点を置いてきた。実はこの「成長のスピードを高める」ことが日々のルーティンの中ではとても大切だ。

稼ぎたいと思ってこれまで説明したことを実践してきても、退職する65歳以降にゴールにたどり着いたとしたらどうだろう。その時に投資に回せるお金が増えたとしても、複利でお金を増やす時間が短くなってしまい、結局資産を大きく増やすのには難しくなってしまう。

なるべく早く稼ぐ力をつけて投資に回せるお金を増やしてこそ、人生の選択肢は増えるんだ。だからこそ**「どういう選択をすることが自分の成長を早めてくれるか」を冷静に判断することがとても重要だ。**

僕は旭化成でインターンをしていた時に今の妻と知り合ったということもあって、大学を卒業をした後は日本で働きたいという気持ちがあった。だからGEヘルスケア以外にも日本の企業を受けたんだけど、僕が大学で学んで専門性を高めてきたコンピューターサイエンスを活かしてくれそうなところとは残念ながら出合えなかったんだ。

日本の多くの会社はジェネラリストを育てるシステムができているから、そこに入社してしまうと自分の成長のスピードが数年の間は鈍化すると思ったんだ。それと比較してGEは専門性が活かせる上、さらに自分に付加価値をつけてくれる機会をもらえるということだったから、そっちを選んだんだ。

自分の成長を止めてしまうことって、自分の将来に対する投資をしなかったのと同じなんだ。とてももったいない。

今、日本でも2020年に一般社団法人日本経済団体連合会（経団連）が

「ジョブ型を組み合わせた『自社型』雇用システムの確立」を提起してから、ジョブ型雇用が注目されているよね。つまりアメリカのように職務にその専門性のある人を割り当てる方法のこと。今後はこのジョブ型が主流になっていくと思うから、みなさんはより「自分にしかできない、専門性のある能力」を身につけることができる機会を意識した方がいいと思う。

望まない部署に配属されたら

とはいえ、まだまだ日本は労働者がいて職務を割り当てる「メンバーシップ型雇用」が活用されている。そういう中でも、成長をしたいと高い志を持っている人はきっとみなさんの中にもいると思う。ただ、残念なことに入社してみたら希望していない部署に配属になった、なんていうこともあるだろう。ゼネラリストを育てるとはいえ、出鼻をくじかれる思いでがっかりする新入社員も多いんじゃないかな。

僕はこういう経験をしたことがないから、あくまでも想像になってしまうんだけれど、**僕だったらなんとか自分の能力を活かせる希望部署に異動できるように掛け合うかな。**

もし営業を希望していたのに、まったく違う部署に行ったと仮定しよう。僕だったら自分の仕事が終わったあとに営業部の先輩のところを訪ねて「今、どういうことが大変なのか」とか「今の自分にできそうなことはないか」とか聞くと思う。実際に仕事を振ってもらえれば実践力を磨くことができるし、仕事をしなくても希望部署にコネクションができるよね。それだけでも大きなステップだと思う。

「置かれた場所で頑張ればいい」なんていう言葉を聞くことがあるけれど、そんな考え方は少なくとも僕にはない。成長の機会を失うことほど稼ぐことから遠のくことはないんだ。

成長スピードの速め方

最初の5年は稼ぐより成長スピードを重視

稼ぐことを重視すると、入社した企業の給料もより高い方がいいと思うだろう。でも**僕は「最初の5年は稼ぐことより成長のスピードを重視するべき」だと考えている。この時期は稼ぐ時期ではなくて、稼げるようになるためにスキルをつけて、自分の価値を示すデータを作っていく時期なんだ。**

会社を選ぶ時、お給料とか福利厚生に注目してしまいがちだけれど、大事なのは自分を成長させてくれる仕事に就けるかどうか、そして、付加価値を高めてくれる制度があるかどうかじゃないかな。

入社してすぐに１００万円をくれる会社と50万円の会社からオファーが来たら、つい目先の１００万円に心動くよね。でも、50万円の会社が自分の成長を促してくれる会社だったとしたら、きっと10年後は後者の給料を選んだ人の方が稼いでいると思う。自己成長の機会があまりない100万円の会社だと、自分の成長がゆっくりになる可能性が高いから、将来的に責任のある仕事には就きにくいだろう。

でも、最初の5年で自分を成長させた人は、付加価値のついた自分をさらに給料が高い会社に「これだけ価値のある自分を使うべき」と交渉できる力を持てるんだ。

僕も最初に勤めたGEヘルスケアでは最初の数年は一番下の等級で、修士号を取ってもやっとひとつ等級が上がっただけだったよ。でも、GEで修士号を受けるサポートを得たからこそ、自分の価値がグッと上がって、次の転職先では強気で交渉ができて、給料もグッと上がったんだ。

成長スピードの速め方　目標をガチガチに決めない

「ゴールにたどり着くためには明確で具体的な目標を作るべき」という考え方

があるよね。でも僕はどちらかというと大きな目標は立てない。「自分の将来はこうあるべきだ！」みたいな成功の型にこだわると、成功する確率は低くなると思う。

これは僕のお笑い芸人としての経験から言えるんだけど、「芸人で成功したいならほかのことは諦めて一本で勝負しなくちゃいけない」という極端な考え方をする芸人仲間がいるんだ。でも、それはとてもリスキーだし、なにより自分の成長を阻むと思う。芸人という仕事にかかわらず、あらゆることで「背水の陣」で挑むのはあまりにも危険だよ。

「ガチガチに固まった目標や成功の型」にこだわると、その成功への道から少しでも逸れたものに手をつけない可能性がある。本当は今の状況でできることはいろいろあるはずなのに、明確なゴールの姿しか頭にないから思考が働かなくなって、ほかで花咲くかもしれない可能性の芽を捨ててしまうんだよ。

僕が芸人になったのも「なんだかおもしろそう」という軽い気持ちからスタートした。テラスカイでの仕事もあったし、万が一、芸人として失敗しても家族を路頭に迷わせることがないという安心感も大きかったかな。そうして、心に余裕がある中でチャレンジをしたからこそ、恵まれた機会を活かせたんだと思うんだ。

あと、**大きな目標を立てすぎると、それが計画通りにいかない時に挫折しやすい傾向がある。**遠い未来の壮大な計画よりも、「毎日10分勉強する」とか、「1日10個英単語を覚える」みたいな無理のない小さな目標を毎日クリアした方が管理しやすいよ。それに投資と同じで毎日少しでもコツコツと努力をすれば、1年後には間違いなくスキルが増えているんだ。

僕の最初の著書『日本のみなさんにお伝えしたい48のWhy』でも書いたんだけど、

「毎日0・1%良くなるか悪くなるかとする。
一日だけであまりわかるような差ではない。ただ1年間続くと重なっていく。
44%スキルアップまたは30・6%スキルダウン。（略）」

まさにこれなんだよ！　**大きな目標でなくても毎日小さな目標をクリアすれば、1年間で44％も成長するんだよ。**こんなに大きな成長が望めることってそうそうないよ。**たった0・1％の努力で人生は変わるんだ。**

成長スピードの速め方　責任を負う

成長の加速度を高めるには、より責任のある仕事を引き受けるといい。今の自分の仕事の範疇で、あえて一番責任の重い仕事引き受けてみてはどうだろう。今の自分の力でできるかどうか不安を感じることもあるだろうけれど、「立場が人を作る」というように、任された仕事を遂行するために、きっとみなさんは自ずと積極的に学ぶ姿勢になるはずだ。そして大切なのは、**責任と給料は比例するということ。責任を負うことで成長も加速して、お給料も増えるんだ。**

ちなみに**学生ならば、あえてリーダー的役割を引き受けるといいだろう。**僕は大学生のころ、さまざまなグループのプロジェクトのリーダーを引き受けて、すべて就職時の履歴書に実績として書いた。正直リーダーじゃなくても履歴書には「リーダーだった」と書いていた人もいると思う。でも、僕はリーダーとしての責任を負ったからこそ、プロジェクトの内容は誰よりも把握していたし、リーダーシップを学ぶことができた。そして実際に経験をしたからこそ、面談時には自信を持って自分の実績を説明することができたんだ。

成長スピードの速め方　お金を基準に行動を決めない

「稼ぐ」ことをテーマにしているのに、これは矛盾しているように聞こえるかもしれないけれど、**お金を基準にして行動を決めてはいけないよ。お金が基準になると、大体そこからは成長しない。**

行動を決める際に大切なのは、将来なりたい姿になるために、必要なスキル

をつけて、経験を積むということ。この順番でやっていけば、自ずとポジションもついてきて、お金もついてくる。

仕事で経験できることではなく、金額で会社を決めてしまうと成長はストップしてしまう。特に転職の時などは注意をする方がいい。ちなみに、人間関係を理由に転職するのも僕は勧めない。その理由は別のページ（P42）で詳しく説明しているから参考にしてほしい。

COLUMN 3

「コツコツやり抜く力」＝「GRIT」がない人はどうする？

「小さなステップで日々成功を積み重ねていけば、いつか大きなゴールにたどり着くはず」と本書でお伝えしたのだけれど、それでも「やり続けることができない。どうしたらいいですか？」という相談があるんだ。やらない限りは目標にはたどり着けないから、やるしかないんだけどね……。「やり抜く力」＝「GRIT」を身につけたいのであれば、とにかく目標を極限まで小さくするのはどうだろう？

例えば毎日10キロジョギングをすると決めたとしよう。そんな時スモールステップとして「毎日1キロ走る」と決めたのに結局三日坊主でやめてしまって、情けない自分に落ち込むこともあるかもしれない。でも、これはスモールステップの設定ミスなんだ。「毎日1キロ走る」はあなたにとってはビッグステップだったんだ。これを例えば「毎日1キロ歩く」に変更してみて、これでも続かなかったら「毎日500メートル散歩する」に変えてみよう。もしこれでもダメだったらもっともっと小さな目標にして「毎日ジョギングウェアに着替える」でもいいんだ。もし1週間ジョギングウェアに着替えることに成功したら「靴を履いて10分歩く」に目標を変える。これにも成功できたら「公園まで歩く」というように、本当に小さな目標を積み重ねることでゴールにたどり着けるはずだ。「GRIT」がないなんていう人はいないと思う。今の自分にできるスモールステップの設定を間違えているだけなんだよ。

CHAPTER 4

「稼ぐこと」と「幸せ」は イコールではない

01
稼ぐも稼がないもあなた次第 でもこれからはより安価で扱われる可能性も

「稼ぎたい！」

「頑張らなくちゃいけないなら現状維持でいいかな……」

稼ぐことへの思いは人それぞれだし、**僕はみなさんに「絶対稼いだ方がいい！」とは言いません。だってあなたの人生はあなたのものだから、僕が口出しをするわけにはいかない。**

ただ、ひとつ言えるのは、**いつの時代にも変化はつきものなんだ。**

1900年ごろのニューヨーク市内では移動手段として馬車が利用されてい

たのだけれど、1908年にT型フォードが作られ、さらにその技術が発達したことで庶民にも車が手に入れられる価格になった。するとどうだろう、街中にあふれていた馬車が、たった10年ほどで車にとって代わられたんだ。実はこの変化によって大打撃を受けたのが、馬の糞を片付ける仕事をしている人たち。彼らは技術の変化の波に乗れず、仕事を奪われていったんだよね。でも、仕事はなくても生活はあるわけだから、彼らはきっとほかの新しい仕事を見つける努力をしたはずだ。ただ、彼ら自身に馬の糞を片付ける以外の能力がなければ、賃金や労働環境を問わず、とにかくできる仕事をやるほかはなかっただろう。

技術の変化によって仕事は変わっていく。でも、人間は変わらず生きていかなくちゃいけない。そういうことを考えると、自分が今の世の中で必要とされていることを把握して、できることを拡大していかないと、結局残された仕事しかできないことになるということなんだ。自分の能力ではなく、残されたものの中で労働をするということは、安い賃金で働かなくてはいけないということになると心に留めておくことも必要かもしれないね。

02

許可より許しは求めやすい そんな土壌になればきっと成功者は増える

ここまで稼ぐ力をつけるための方法について話をしてきたけれどやっぱり僕が「アメリカ人」ということで、日本の企業風土と違うところで生活をしてきたからそういう行動が取れるんじゃないの、と考える人もいると思う。

でもね、やっぱり国籍は関係ないよ。人それぞれ違った考え方をしているわけだから、「アメリカ人だから○○できる」とか「日本人だから○○ができない」という話ではないと思う。本当に稼ぎたいと思うなら行動するしかないのだから。ただ、日本に暮らす外国人の視点から見えてきたものはある。それは、**日本は「とにかく正しい答えを出すことが望まれる社会」ということ。**

最近は変わりつつあるけれど、学校の勉強も受験勉強も「考える訓練」よりは「正しい答えを覚える訓練」が多い気がする。そういうことが幼い頃から身についているから、**間違えられないというプレッシャーがすごく強いのかも**ね。

英語で、**"It is easier to ask forgiveness than it is to get permission."という言葉があるんだけど、訳すと「許可より許しは求めやすい」という意味。超意訳すると「まずはやってみて、後で謝ればいい」みたいな感じ**かな。とりあえずやってみて、怒られたらあとで謝ればいいんだよ。最初から「これやっていいですか?」って聞いたら「だめ」って言われるだけだから。まずは許可を取らなくちゃいけないみたいな考え方をやめてみると、挑戦をする人も増えて、成功者も増えるんじゃないかな。

失敗して怒られればいいよ。一回怒られればいいだけ。もちろん置かれている立場で責任を伴うものなら、ちゃんと状況を考えて行動するべきだけどね。でも、プライベートなことならチャレンジをしてみてはどうだろう。稼ぐという枠を越えて、自分を成長させることができるはずだよ。

03 僕が稼ぐことができたのは運も味方をしてくれたから

僕は自分の信じる稼ぐ方法に則って自分を成長させて、ステップアップしてきた。でも改めて気がついたことがある。それは**僕がここまで稼げるようになったのには「運の力」も大きかった**ということ。

これは僕だけの話じゃない。例えばその昔Googleは Yahoo! 社に1億円で売却しようとしていたんだけど、「こんなちっぽけな検索エンジンは興味がない」ということで、プレゼンまでしに行ったのに断られたんだ。でもさ、売らなくてよかったよね。今や創始者2人は100兆ドルの資産を突破したんだよ！　もちろん、売却に失敗した経験があったから頑張ったという経緯もあるかもしれないけれど、たまたま売却されなかったから今の成功がある。

あと、インターネット黎明期に、スマートフォンを作ろうとしたGeneral Magicっていうベンチャー企業があったのを知っている？　この会社はiPhoneが世に出る前にスマートフォンを出したんだけど、時期が合わないいっていうほんの少しの運のなさでAppleになれなかったんだ。

つまりどういうことかというと、**たまたまぴったりの時期に、正しい人と接することができるということが運なんだよ。**僕だってそう、運がよかったから今の会社でいい仕事をして、芸能界でも仕事ができている。さっきのGeneral Magicもそうだし、僕より努力をしている人なんてごまんといる。本当にラッキーが重なったんだ。

でも、ここで忘れちゃいけないのが**運の良し悪しは誰にもわからないということ。だから稼ぐためにやり続けなくちゃいけないんだ。やっても成功する可能性は100％ではないけれど、やらなければ100％花は開かない。そしてこれまで成功していたから、これからも成功するとは限らない。これからどう**

なるかわからないから努力をするんだ。いや、努力というよりも、どんなことにも対応できるように自分のスキルを高めるという感じかな。

予想外のオファーや、今までやってきたプロジェクトの成功とか、思わぬ角度でラッキーな機会はやってくる。そういう時にすぐに応えられるようにしておかなくちゃいけないんだ。例えばラッキーを落ちてくる隕石とイメージするといいかも。自分の畑を大きくしておけば自分の畑に隕石が落ちてくる可能性を最大化できるよね。それでも隕石が落ちてくる可能性はゼロに近い。でも、もしあなたの畑が小さかったら隕石が落ちてくる確率はそれより低いんだ。僕がいう努力というのはこの畑のことで、**どんな場面にも対応できる自分に大きく成長させておこう**という意味なんだ。

そして、成功した時は自分がすごいから成功したと思わない方がいいし、失敗した時も自分が悪かったと思わなくていい。僕たちはどうなるかわからない世界の中で、先のわからない人生を歩いている1人にしかすぎない。それ以上でもそれ以下でもないから考えすぎないことだよ。

自分を成長させることでさらにラッキーが舞い込んでくる

努力をしてスキルを高めておけば、「もしかしたらあの人はできるかもしれない」と自分を頼ってくれる人が出てくるはずだ。そんなラッキーが舞い込んでくる確率を上げるためにも、自分のスキル（＝畑）を大きく成長させておくことが必要だよ。

04

「稼ぐこと」と「幸せ」はイコールじゃない。やっぱり好きなことが幸せなんだ

僕はこれまで自分にスキルをつけて、自分の価値を上げて、お金を稼ぐことを念頭に行動してきた。そして実際、自分の裁量で仕事を受けるか受けないかの判断ができるだけの自由（＝資産）を手にした。

でもある日ふと思ったんだよね。**「僕はいつまでこのサイクルを回し続けるんだろう」って。**ずっと掲げてきた「稼ぐ」「力を持つ」という目標を達成して、家族を十分養えるようにもなった。あとは同じことを繰り返して、桁を増やしていくだけの人生。終わりがないな……。**取締役になれたのに、正直思い描いていた達成感が得られなかったんだよね。**

人生の充実度は「好きなこと」ができているかどうかで決まる

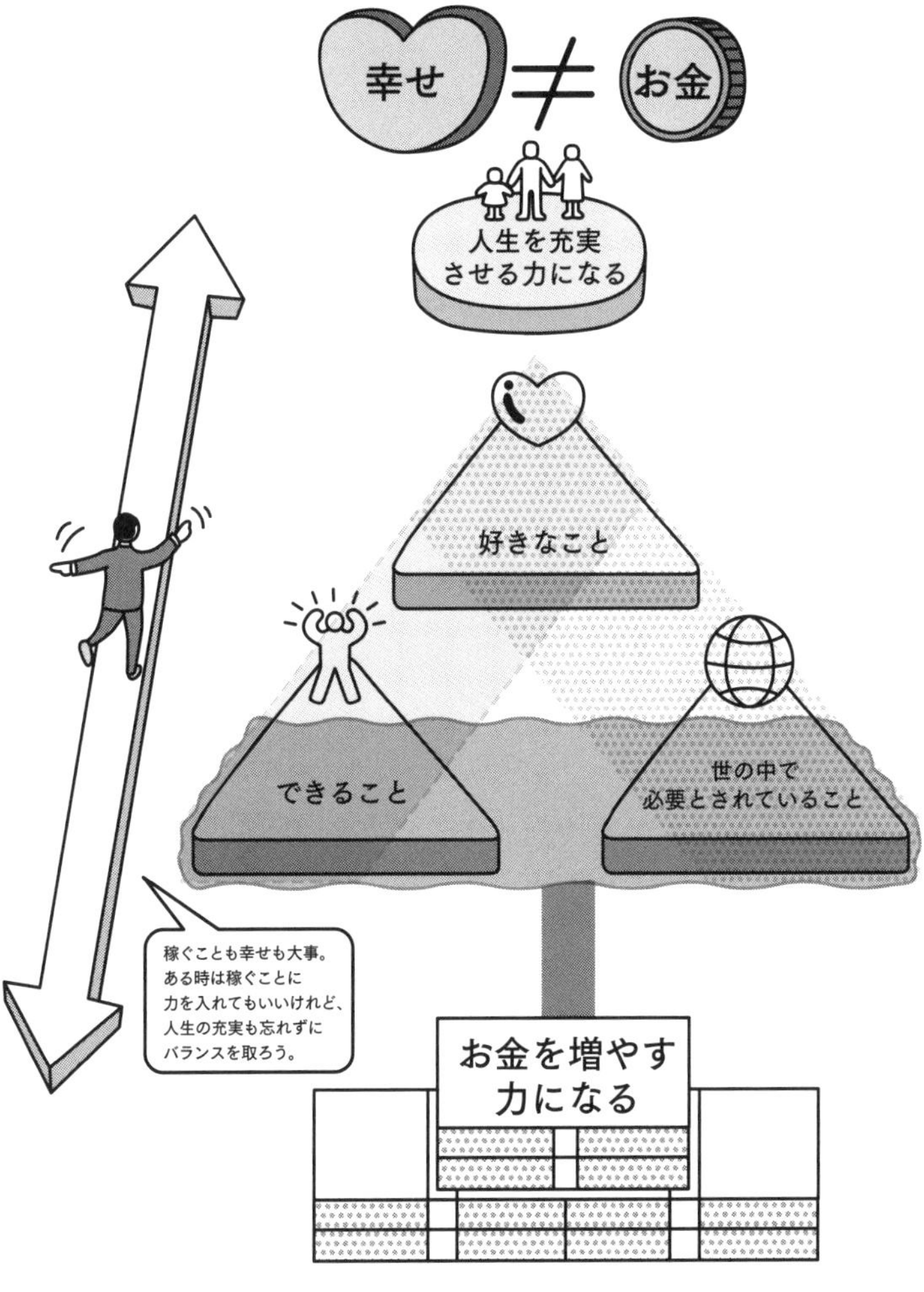
幸せ
≠
お金
人生を充実させる力になる
好きなこと
できること
世の中で必要とされていること
稼ぐことも幸せも大事。ある時は稼ぐことに力を入れてもいいけれど、人生の充実も忘れずにバランスを取ろう。
お金を増やす力になる

今までなんのために頑張ってきたのかと悩み始めたんだけど、そんな時に日本語を勉強していた頃に見ていたお笑い番組の楽しさを思い出して芸人の養成所に入ったんだ。

仕事をしながら週末だけ養成所に行っていたんだけど、1年くらいしたら『R－1グランプリ』とかに出て、急にテレビも出るようになっちゃってね（笑）。気がつけばお笑いでも下積みとかすっ飛ばしていきなり売れてしまって、なんだかまた達成感をそこまで実感できずにここまできてしまった（笑）。

『ジェイソン流お金の増やし方』の本でも書いたんだけど、お金は人生の選択肢を増やしてくれるものなんだ。お金は目的じゃない。稼ぐことも目的ではないんだ。自分の人生を幸せにするのは、稼いだお金や身につけた肩書きや名誉ではなくて、本当にやりたいことがやれるっていうことなんじゃないかな。

最初に説明した「稼げる仕事を判断する三角形」を覚えている？　あの中で「好きなこと」は稼ぐ力につながらないと伝えたよね。でも、**人生を充実させ**

るのはやっぱり「好きなこと」をやることなんだ。だから僕は面白そうだと感じたお笑いもやり始めたし、今は家族の時間を大事にしながら、くちばしで突つかれて手に怪我を負いながらも、ずっと欲しかったネズミガシラハネナガインコの世話をしている。

学生時代からがむしゃらに稼ぐ力をつけて、投資も続けて、一生困らない資産は築けた。でも、かといって今、僕が働くのをやめる必要もないし、これからもやめることはないと思う。だって結局「今やっている仕事は好きだな」と感じることができているから。結局、好きなことだったんだよね。

この本を読んでくれた人も、最後は自分がなにを一番大事にしているかを考えてほしい。それを考えることがみなさんの充実した人生のスタートだから。

おわりに

今回も最後まで読んでいただきありがとうございました。

前作が出てから2年。「投資を始めて、お金に対する考えが変わった」「お金を積極的に働かせることを意識する一方で、節約をすることも身についた」と多くのコメントをいただくようになった。みなさんが積極的に自分の人生を豊かにしようと一歩を踏み出す背中をそっと押すことができたのはとてもうれしいことだった。

でも、新型コロナウイルスの収束が見えるかと思われた矢先に、ロシアのウクライナ侵攻による影響もあり、また世界経済は大きな影響を受けて、インフレも昂進した。『ジェイソン流お金の増やし方』を読んで投資を始めた人も、少なからずその影響を受けたことだろう。

EPILOGUE

おわりに

以前も書いたように、投資には絶対はないということを残念ながら体感したかもしれないね。

そういったこともあり、情勢に大きく惑わされることのない「稼ぐ力をつける方法」、つまり〝稼ぎ方〟がみなさんにあれば、自分の価値を生かしてお金を得ることができる。そしてそのお金を使って、長期的にコツコツと投資を続けることができれば、さまざまな要因に影響を受けずに資産を増やすことができると考えたんだ。

でも、本書を読み終えて、みなさんは「稼ぐ力」をつけるためにはかなりの努力が必要ということに気がついたかもしれないね。確かに投資の時のようにすぐ行動に移したら、なにかの変化があるものではないと思う。でも唯一違うのは「稼ぐ力は外的要因に影響されず、ずっと自分の力になってくれる」ということなんだ。

「稼ぐ力」はつまり自分のスキルをアップさせること。だからそれは投資のように他の影響を受けて失うこともないし、自分の価値が上がるほど、稼ぐ金額を増やすことも可能になる。ある意味ノーリスク・ハイリターンな最も効果的な投資と言えるかもね。

今回の本はその「自分への投資」をいかに効率的に、早くリターンを得るかを説明した本になるんだ。若い人たちには僕の面接の話や最初に就職した会社での行動や考え方なんかは参考になるかもしれないし、もっと給与を増やしたいから仕事を替えようかと悩んでいる人の一助になると思う。

お金は大切だ。自分と家族の人生を守っていくためにも、チャレンジしたいことに飛び込んでいくにもお金は必要だ。でもね、お金はすべてじゃない。「お金」＝「幸せ」ではないということは本書にも書いた通り。僕はこの「稼ぐ力」は自分が考えるさまざまな成功を叶え

EPILOGUE

おわりに

てくれる方法だと思っている。そして「稼ぐ力」をつけるために努力して挑戦することは、きっとみなさんが思いもよらない場所に最終的につれていってくれるはずだ。

成功の形にこだわり過ぎない。
恵まれた機会を一つ一つ大事にし、
可能性を否定せずに現状の最善を常に追いかける。
すると意外な展開になる場合もあるが、
最初に思っていたことを超える場合だってある。
そういう人生は最高に楽しい。

まさにこれが「稼ぐ力」を身につけたときにみなさんに見える景色だと思う。どうかみなさんが自分の願う成功に、この本を読んでたどり着くことができますように！

厚切りジェイソン

ジェイソン流
お金の稼ぎ方

2023年11月25日　第1刷発行
2023年11月30日　第2刷発行

著者　厚切りジェイソン
発行人　木本敬巳
編集　山田真優
編集・構成　知野美紀子（Lighthouse Editing）
装丁・デザイン・DTP　荒木香樹
イラスト　平松 慶
撮影　島村 緑
ヘア&メイク　津谷成花
スタイリング　松川 茜
編集補助　木村優月
校正　竹田賢一（DarkDesign Institute）
協力　株式会社ワタナベエンターテインメント
発行・発売　ぴあ株式会社
〒150-0011
東京都渋谷区東1-2-20
渋谷ファーストタワー
03-5774-5262（編集）
03-5774-5248（販売）
印刷・製本　中央精版印刷株式会社

ISBN 978-4-8356-4685-5